中职知识要点背记口袋书系列

中职知识要点必备手册

语文

《中职知识要点必备手册》编写组 / 编

主　编　潘莉萍
副主编　吕宗英
编　委（以姓氏笔画为序）
　　　　王　栋　朱明明　李　娜　吴苏雯
　　　　范春玲　娄奕椰　戴　梦

图书在版编目(CIP)数据

中职知识要点必备手册.语文/《中职知识要点必备手册》编写组编. -- 苏州：苏州大学出版社，2025.
1. -- (中职知识要点背记口袋书系列). -- ISBN 978-7-5672-5021-5
Ⅰ.G718.3
中国国家版本馆 CIP 数据核字第 20240AL718 号

书　　名：	中职知识要点必备手册·语文
编　　者：	《中职知识要点必备手册》编写组
责任编辑：	徐　来
助理编辑：	周　成
出版发行：	苏州大学出版社（Soochow University Press）
社　　址：	苏州市十梓街 1 号　邮编：215006
网　　址：	www.sudapress.com
邮　　箱：	sdcbs@suda.edu.cn
印　　装：	镇江文苑制版印刷有限责任公司
邮购热线：	0512-67480030　销售热线：0512-67481020
网店地址：	https://szdxcbs.tmall.com/（天猫旗舰店）
开　　本：	880 mm×1 230 mm　1/32　印张：7.75　字数：216 千
版　　次：	2025 年 1 月第 1 版
印　　次：	2025 年 1 月第 1 次印刷
书　　号：	ISBN 978-7-5672-5021-5
定　　价：	32.00 元

凡购本社图书发现印装错误，请与本社联系调换。
服务热线：0512-67481020

前言

中等职业学校语文课程是学校各专业学生必修的公共基础课程。为更好地服务于广大中职学生的语文学习，在多途径调研、客观科学地了解中职学生学情的基础上，编写组以落实《中等职业学校语文课程标准》（2020年版）为目标，对照职教高考考纲、学业水平测试大纲，依托中职语文统编教材，以全面、实用为原则编写了《中职知识要点必备手册·语文》。

本手册对中职语文基础知识点进行梳理，并将内容划分为四大板块，进行分门别类地系统排列。

第一编"基础知识及运用"包括"语音""字形""词义""关联词""语病""标点""修辞""句式""表达方式""表现手法""名句"，共十一章。

第二编"文言文阅读"包括"字音""实词""虚词""通假字""词类活用""古今异义""特殊句式""翻译"，共八章。

第三编"学习篇目汇总"包括"现代文文学常识及课文赏析"和"文言文文学常识及课文赏析"，共两章。

最后提供了"我来试一试"板块翔实的参考答案，以培养中职学生的自主学习能力。

编写组精心筛选材料，力求让本手册成为广大中职学生在语文学习中答疑解惑、冲刺职教高考时复习巩固的工具书。

  编写组参考了专家和学者的一些研究成果，在此谨向相关人员表示谢意！由于编写时间仓促，本手册难免存在疏漏与不当之处，敬请读者批评指正。

编写组

第一编　基础知识及运用　/ 001

第一章　语音　/ 001
第二章　字形　/ 009
第三章　词义　/ 014
第四章　关联词　/ 026
第五章　语病　/ 030
第六章　标点　/ 040
第七章　修辞　/ 049
第八章　句式　/ 063
第九章　表达方式　/ 068
第十章　表现手法　/ 074
第十一章　名句　/ 082

第二编　文言文阅读　/ 089

第一章　字音　/ 089
第二章　实词　/ 096
第三章　虚词　/ 127
第四章　通假字　/ 137
第五章　词类活用　/ 144
第六章　古今异义　/ 154

　　第七章　特殊句式 / 167
　　第八章　翻译 / 183

第三编　**学习篇目汇总** / 196

　　第一章　现代文文学常识及课文赏析 / 196
　　第二章　文言文文学常识及课文赏析 / 218

"我来试一试"参考答案 / 232

第一编 基础知识及运用

第一章 语音

阅读下面的文字,给加点字注音。(每题2分,共6分)

文学是夜阑卧听风吹雨,无论是历史的昨天,还是现实的今天,它总能照见灵魂深处的真实;文学是铁马冰河入梦来,它能帮助我们开启心灵的智慧之门;文学是一汪澄澈的湖泊,洗涤我们的心灵,让我们感受生命最纯粹的美好;文学是不知何处吹芦管,引领我们走向更美好的未来……愿大家都能沉潜于文字之中,浸润书香,使自己变得神采奕奕。

澄澈(　　)　　　纯粹(　　)　　　沉潜(　　)

我的得分为_____分

基础模块·上册

沁(qìn)园春　　　　橘(jú)子洲　　　　挥斥方遒(qiú)

怅(chàng)寥(liáo)廓(kuò)　　　　沉浮(fú)

峥(zhēng)嵘(róng)　　岁月稠(chóu)　　浪遏(è)飞舟

漫(màn)江　　百舸(gě)争流　　坎(kǎn)儿井
猩(xīng)红　　妩(wǔ)媚　　　癞(lài)头
颀(qí)长　　　姗姗(shān)　　掮(qián)着
干坼(chè)　　山坳(ào)　　　掬(jū)水
静穆(mù)　　　浅濑(lài)　　　断碣(jié)
荞(qiáo)麦　　万籁(lài)　　　岚(lán)垭(yā)
汤(shāng)汤　 促(cù)膝　　　瞥(piē)见
清洌(liè)　　　荷(hè)枪　　　荷花淀(diàn)
苇(wěi)眉子　　小褂(guà)　　虾篓(lǒu)
吮(shǔn)吸　　菱(líng)角　　惦(diàn)记
摇橹(lǔ)　　　梭(suō)鱼　　 衣裳(shang)
泅(qiú)水　　　噘(juē)着嘴　　 凫(fú)水
围剿(jiǎo)　　 晌(shǎng)午　　麦垛(duò)
横(hèng)样子　 渣(zhā)滓(zǐ)　 铁铤(tiě)镣(liào)
潜(qián)伏　　 朝(zhāo)霞　　 撑(chēng)着
彷(páng)徨　　 凄(qī)清　　　雨巷(xiàng)
彳(chì)亍(chù)　凄婉(wǎn)　　 颓圮(pǐ)
迷茫(máng)　　惆(chóu)怅　　稠(chóu)密
做窠(kē)　　　常春藤(téng)　珊(shān)瑚(hú)
乘(chéng)凉　　煤屑(xiè)　　 幽(yōu)僻(pì)
蓊(wěng)蓊郁郁 踱(duó)着　　 曲(qū)折
袅(niǎo)娜(nuó)　弥(mí)望　　 点缀(zhuì)
羞涩(sè)　　　参(cēn)差(cī)　 宛(wǎn)然
渺(miǎo)茫　　颤(chàn)动　　 斑(bān)驳(bó)
霎(shà)时　　　脉(mò)脉　　　酣(hān)眠
稀疏(shū)　　　纤(xiān)腰　　敛(liǎn)裾(jū)
媛(yuán)女　　峭(qiào)楞(léng)楞
鹢(yì)首　　　桂棹(zhào)　　 梵婀(ē)玲

倩(qiàn)影	薄(bó)雾	嬉(xī)游
惦(diàn)着	独处(chǔ)	窒(zhì)闷
颤(chàn)抖	徘(pái)徊(huái)	回溯(sù)
敕(chì)造	阜(fù)盛	螭(chī)
青绸(chóu)	錾(zàn)银	内帏(wéi)
忖(cǔn)度	美人觚(gū)	璎(yīng)珞(luò)
茗(míng)碗	宫绦(tāo)	罥(juàn)烟眉
裉(kèn)袄	两靥(yè)	瞋(chēn)视
绾(wǎn)着	盥(guàn)沐	嬷(mó)嬷
懵(měng)懂	翠幄(wò)	漱(shù)盂
敛(liǎn)声	放诞(dàn)	斟(zhēn)茶
纨(wán)绔(kù)	杜撰(zhuàn)	钗(chāi)钏(chuàn)
厢庑(wǔ)	红洋罽(jì)	憨(hān)顽
宸(chén)翰(hàn)	孽(niè)根	小幺(yāo)儿
羹(gēng)	嫡(dí)亲	丫鬟(huan)
颦颦(pín)	蹙(cù)眉头	惫(bèi)懒
纳罕(hǎn)	锡镗(tāng)	莴(wō)苣(jù)
蹂(róu)躏(lìn)	殡(bìn)仪	大氅(chǎng)
解馋(chán)	呵(hē)斥	憔(qiáo)悴(cuì)
罪孽(niè)	颤(chàn)抖	内涝(lào)
盐碱(jiǎn)地	淤塞(sè)	崇(chóng)敬
病榻(tà)	灌(guàn)溉(gài)	闪烁(shuò)
巍然屹(yì)立	笼罩(zhào)	水渠(qú)
饥馑(jǐn)	一蔸(dōu)	稻穗(suì)
雄蕊(ruǐ)	早籼(xiān)	捍(hàn)卫
舰载(zài)机	应和(hè)	殚(dān)精竭虑
头盔(kuī)	言简意赅(gāi)	辗(zhǎn)转反侧
呕心沥(lì)血	轮廓(kuò)	调侃(kǎn)

战壕(háo)	瞭(liào)望	娴(xián)熟
矫(jiǎo)捷	舴艋(wěi)	风靡(mí)
魂牵梦萦(yíng)	疲惫(bèi)	声嘶(sī)力竭
昏厥(jué)	猝(cù)死	熙熙攘(rǎng)攘
精神抖擞(sǒu)	刻苦钻(zuān)研	裹(guǒ)脚
精粹(cuì)	妨(fáng)害	干瘪(biě)
蹩(bié)脚	残羹(gēng)冷炙(zhì)	
孱(càn)头	脑髓(suǐ)	冠冕(miǎn)
蹩(bié)进	自诩(xǔ)	玄(xuán)虚
国粹(cuì)	揣(chuǎi)度	吝(lìn)啬(sè)
磕(kē)头	鳟(zūn)鱼	寥寥(liáo)几笔
庑(wǔ)廊	梁坊(fāng)	左睇(dì)右盼
颐(yí)和园	眼花缭(liáo)乱	荒谬(miù)绝伦
前瞻(zhān)后顾	瓦垄(lǒng)	涓(juān)涓
谐(xié)趣		

基础模块·下册

勉强(qiǎng)	复辟(bì)	警惕(tì)
国徽(huī)	松懈(xiè)	纲(gāng)领
捣(dǎo)乱	侮(wǔ)辱	召(zhào)开
妥(tuǒ)协	休戚(qī)与共	得逞(chěng)
锤炼(liàn)	赓(gēng)续	博弈(yì)
意气风(fēng)发	韶(sháo)华	给(jǐ)养
马镫(dèng)	缴(jiǎo)获	寒噤(jìn)
跋(bá)涉	雷霆(tíng)	追剿(jiǎo)
着(zháo)恼	讷(nè)讷	讪(shàn)讪
寒暄(xuān)	监(jiàn)生	朱拓(tà)
陈抟(tuán)	间(jiàn)或	悚(sǒng)然

惶(huáng)急　　　　不更(gēng)事　　　　谬(miù)种
俨(yǎn)然　　　　　草窠(kē)　　　　　贺家坳(ào)
踌(chóu)躇(chú)　　唾(tuò)弃　　　　　桌帏(wéi)
拗(niù)不过　　　　诡(guǐ)秘　　　　　炮(páo)烙(luò)
窈(yǎo)陷　　　　　歆(xīn)享　　　　　伶(líng)俐
银镯(zhuó)子　　　烟霭(ǎi)　　　　　牲醴(lǐ)
蹙(cù)缩　　　　　咀嚼(jué)　　　　　蹒(pán)跚
渣滓(zǐ)　　　　　醉醺(xūn)醺　　　　荸(bí)荠(qi)
祭祀(sì)　　　　　一瞥(piē)　　　　　巳(sì)时
迤(yǐ)逦(lǐ)　　　 谙(ān)习　　　　　 巾帻(zé)
偏裨(pí)　　　　　便(biàn)宜(yí)行事
不胜(shèng)酒力　　麾(huī)下　　　　　觥(gōng)筹交错
橹棹(zhào)　　　　 碇(dìng)石　　　　 万弩(nǔ)齐发
本分(fèn)　　　　　蘩漪(yī)　　　　　汗涔涔(cén)
惊愕(è)　　　　　　谛(dì)听　　　　　昧(mèi)心
伺(cì)候　　　　　　侍(shì)萍　　　　 交涉(shè)
爱慕(mù)　　　　　　酝酿(niàng)　　　 窟窿(long)
府邸(dǐ)　　　　　　曹禺(yú)　　　　　打量(liang)
烦躁(zào)　　　　　垂涎(xián)不已　　 请帖(tiě)
大氅(chǎng)　　　　差(chā)序　　　　　无讼(sòng)
服膺(yīng)　　　　　孝悌(tì)　　　　　形(xíng)同虚设
推陈(chén)出新　　　滥(làn)用权力　　 出类拔萃(cuì)
不可估量(liang)　　 繁芜(wú)丛杂　　　嫉(jí)恨
浅尝辄(zhé)止　　　卓(zhuó)有成效　　诽(fěi)谤(bàng)
空(kòng)白　　　　　衷(zhōng)心　　　 豁(huò)然开朗
诬(wū)蔑　　　　　　诅(zǔ)咒　　　　 悼(dào)念
拂(fú)去　　　　　　载(zài)人飞船　　 酝酿(niàng)
翌(yì)年　　　　　　辉映(yìng)　　　　耸(sǒng)入云天

横亘(gèn) 着(zhuó)陆 可供(gōng)借鉴
云霄(xiāo) 开辟(pì) 苛(kē)刻
尘(chén)封 铁砧(zhēn) 铜器作(zuō)
尽(jǐn)打 洼(wā) 白芨(jī)浆
釉(yòu)料 铀(yóu) 铬(gè)
硒(xī) 恰如其分(fèn) 铁臼(jiù)
拌和(huò) 硼(péng)砂 蘸(zhàn)水
剥(bō)落 瓶颈(jǐng) 譬(pì)如
铁屑(xiè) 椴(duàn)木 浓酣(hān)
青蒿(hāo)素 疟(nüè)疾 奎(kuí)宁
羟(qiǎng)基 肆虐(nüè) 砒(pī)霜
芍药苷(gān) 精髓(suǐ) 秘(bì)鲁
冠(guān)心病 相悖(bèi) 繁衍(yǎn)
瑰(guī)宝 福祉(zhǐ) 甘蔗(zhe)
衷(zhōng)肠 高粱(liang) 凛(lǐn)冽
高亢(kàng) 炽(chì)烈 挑衅(xìn)
秸(jiē)秆 青纱帐(zhàng) 明澈(chè)
充溢(yì) 吟(yín)唱 粗犷(guǎng)
奔放不羁(jī) 荡(dàng)漾(yàng)
气势磅(páng)礴(bó) 震(zhèn)撼天地 颤(zhàn)栗
皱褶(zhě) 给(jǐ)予 脊(jǐ)背
娇嗔(chēn) 推搡(sǎng) 怂(sǒng)恿
笨拙(zhuō) 斟(zhēn)酌 胳膊(bo)
嘟囔(nang) 咋(zhā)呼 磨蹭(ceng)
幽(yōu)暗 隧(suì)道 辗轧(yà)
捶(chuí)打 虔(qián)诚 羞涩(sè)
惆(chóu)怅 窸窸窣(sū)窣 磨磨蹭(cèng)蹭

职业模块

浮想联翩(piān)　　拂煦(xù)　　薜(bì)荔
鳞次栉(zhì)比　　雏(chú)形　　土坯(pī)
憧(chōng)憬(jǐng)　　戛(jiá)然而止　　跌宕(dàng)起伏
悲怆(chuàng)　　巍(wēi)然　　千钧一发(fà)
演绎(yì)　　炫(xuàn)耀　　藐(miǎo)视
啮啮(niè)　　臻(zhēn)　　铃铎(duó)
洞窟(kū)　　召(zhào)唤　　一爿(pán)
橱(chú)窗　　靴(xuē)子　　簇(cù)新
羞怯(qiè)　　脸庞(páng)　　蜷(quán)曲
踢(tī)跶(da)　　趿(tā)　　蹙(cù)眉头
诧(chà)异　　饕(táo)　　谄(chǎn)媚
瀛(yíng)洲　　滹(hū)沱(tuó)　　縠(hú)文
缅甸(diàn)　　聒(guō)噪　　尾鳍(qí)
马驹(jū)　　厮(sī)打　　羱(yuán)羊
缯(zēng)绡(xiāo)　　醴(lǐ)酪(lào)　　龟(jūn)裂
贮(zhù)藏　　谚(yàn)语　　萌蘖(niè)
啖(dàn)　　裨(bì)益　　一蹴(cù)而就

我来试一试

阅读下面的文字，给加点字注音。

二十四节气是中华民族特有的"时钟"：立春过后，冰雪融化，草木萌发。再过两个月，燕子翩然归来。不久，布谷鸟也来了……到了秋季，北雁南飞，活跃在田间草际的昆虫也都销声匿迹，到处呈现一片衰草连天的景象。节气彰显着中国人的民俗风尚与精神气质，节气蕴藏着古老的智慧和磅礴的力量，令人叹为观止。我们要不断体悟节气变化，感受传统文化，做二十四节气的保护者和传承者，让其持续焕发蓬勃生机。

萌发（　　）　　翩然归来（　　）　　销声匿迹（　　）
蕴藏（　　）　　磅礴（　　）

参考答案：
【我来测一测】
澄澈（chéng）　　纯粹（cuì）　　沉潜（qián）

第一编　基础知识及运用

第二章　字形

我来测一测

阅读下面的文字，根据拼音写出相应的汉字。（每题2分，共6分）

这一年的步伐，我们走得很显底气。中国是一个伟大的国度，传承着伟大的文明。在这片 liáo（　　）阔的土地上，大漠孤烟、江南细雨，总让人思接千载、心驰神往；黄河九曲、长江奔流，总让人心潮 péng（　　）pài（　　）、豪情满怀。良渚、二里头的文明 shǔ（　　）光，殷墟甲骨的文字传承，三星堆的文化瑰宝，国家版本馆的文脉赓续……泱泱中华，历史何其悠久，文明何其博大，这是我们的自信之基、力量之源。

　　liáo(　　)阔　　心潮 péng(　　)pài(　　)　　shǔ(　　)光

——摘自国家主席习近平发表的二○二四年新年贺词

我的得分为　　　　分

我来看一看

基础模块·上册

舸	怅寥廓	谁主沉浮	峥嵘
书生意气	挥斥方遒	激扬	万户侯
浪遏飞舟	顿时生色	百无聊赖	怡然自得
贻笑大方	万籁俱静	姗姗而下	洋洋洒洒
下笔如有神	氛围	促膝	瞥见

清冽	荷枪	札记	泗水
凫水	藕断丝连	欢天喜地	万里无云
一钱不值	铜墙铁壁	豺狼虎豹	掩面而泣
欢欣鼓舞	沉浸	荣耀	辜负
昂首怒放	唤醒	彷徨	凄婉
颓圮	惆怅	稠密	寡
懊丧	幽僻	踱	弥望
点缀	袅娜	羞涩	脉脉
丰姿	参差	斑驳	峭楞楞
倩影	没精打采	妖童媛女	棹
敛裾	渺茫	摸索	溺死
喧闹	健壮	厮认	纳罕
敛声屏气	轩峻	憨顽	内帏
布让	懵懂	体格风骚	惫懒
皮囊	纨绔	膏粱	盥
放诞	风骚	瞋视	乖张
不经之谈	忖度	杜撰	蹂躏
殡仪	大氅	解馋	憔悴
罪孽	攀附	肆意横行	提心吊胆
胡思乱想	忧心忡忡	纹丝不动	横贯
饲养棚	部署	歇息	滔滔不绝
滋润	窟窿	汹涌澎湃	泣不成声
笼罩	薄雾	水渠	饥馑
一苋	稻穗	协调	举世瞩目
艰难拼搏	殚精竭虑	头盔	监测
言简意赅	辗转反侧	呕心沥血	轮廓
调侃	战壕	帷幕	瞭望
娴熟	矫捷	舰艇	演绎

风靡	魂牵梦萦	疲惫	声嘶力竭
昏厥	猝死	熙熙攘攘	精神抖擞
刻苦钻研	询问	涌进	座无虚席
感人肺腑	裹脚	精粹	言之无物
幼稚	装腔作势	妨害	讥笑
干瘪	蹩脚	残羹冷炙	屠头
脑髓	冠冕	蹩进	自诩
玄虚	国粹	揣度	吝啬
徘徊	磕头	鳟鱼	寥寥几笔
廊	梁坊	左睇右盼	颐和园
眼花缭乱	荒谬绝伦	前瞻后顾	瓦垄
涓涓	谐趣		

基础模块·下册

永垂不朽	不屈不挠	蒙尘	意气风发
颐指气使	休戚与共	熙熙攘攘	运筹帷幄
珠烁晶莹	讷讷	半晌	张皇
棉絮	挪步	讪讪	鹿寨
气汹汹	寒暄	朱拓	间或一轮
踌躇	不更事	怨府	谬种
沸反盈天	蹙缩	歆享	牲醴
师旷之聪	觥筹交错	汗涔涔	昧心
谛听	见地	惊愕	弥补
交涉	郁热	怨愤	一帆风顺
并驾齐驱	垂涎不已	请帖	千载难逢
殷勤献媚	阿谀赞扬	大鳖	变化莫测
差序格局	系维	无为政治	长老统治
血缘	地缘	浅尝辄止	坚韧不拔

卓有成效	翌年	横亘	扭转乾坤
恰如其分	半斤八两	各有千秋	推陈出新
浓酣	朦胧	墨韵	振奋人心
君臣佐使	沧海一粟	令人神往	健步如飞
雄浑	粗犷	奔放不羁	荡漾
轰鸣不绝	咆哮	隐匿	震耳欲聋
气势磅礴	震撼天地	颤栗	昂首阔步
心不在焉	撼天动地	理直气壮	

职业模块

浮想联翩	拂煦	薜荔	鳞次栉比
阡陌交通	鸡犬相闻	牌匾	雏形
焕然一新	蓬勃	土坯	憧憬
戛然而止	胁迫	雷厉风行	跌宕起伏
悲怆	撰写	奔驰	咽喉
堆积如山	斗志昂扬	矗立	巍然
英雄辈出	喷涌	塌陷	千钧一发
泥浆	演绎	奋力拼搏	倾注
炫耀	蒙蔽	藐视	啃啮
臻	钦佩	漂泊无依	铃铎
朝朝暮暮	凋落	洞窟	召唤
一爿	橱窗	靴子	簇新
羞怯	脸庞	鬈曲	踢跶
趿	含糊	蹙眉头	怜悯
诧异	匄	珊瑚	玛瑙
橄榄	肺腑	谄媚	凝重
飘逸	虔诚	传诵	瀛洲
紫殿	潺湲	漠南	塞马

第一编　基础知识及运用

瀼西	縠文	缅甸	嬉闹
竭力	陡坡	聒噪	尾鳍
难以捉摸	操纵	马驹	厮打
敏捷	陡峭	羱羊	丰富多彩
捉摸不透	缯	绡	醴酪
龟裂	粗糙	绛囊	薄膜
渣滓	贮藏	嘲讽	谚语
扶荔宫	吹嘘	萌蘖	卢橘
唉	错综复杂	裨益	一蹴而就

我来试一试

下面是班级同学参观博物馆后写下的片段感想，请你帮他完善相关内容。

瓷器是时间的歌者。它的每一道工序都讲述一个故事，每一片温润都摇 yè（　　）一种情怀，每一缕光泽都浸透一丝智慧。它总是古色古香地将生活的美好嵌入历史的痕迹，不着痕迹地与我们的心灵相 qì（　　）合。

唐三彩以流动的色彩高歌盛唐气象，龙泉青瓷以绝美的冰裂纹长吟宋的气度，青花瓷以细 nì（　　）的白釉青花浅 zhēn（　　）低唱元的风韵。

摇 yè（　　）　　　　　　qì（　　）合
细 nì（　　）　　　　　　浅 zhēn（　　）低唱

参考答案：
【我来测一测】
liáo（辽）阔　　心潮 péng（澎）pài（湃）　　shǔ（曙）光

第三章　词义

我来测一测

阅读下面的文字，完成习题。（每题2分，共4分）

南京是座博物馆。从"天下文枢"到"世界文学之都"，千年文脉的滋养，让南京城散发出独有的文化魅力。大大小小的各类博物馆散于街角，藏于巷陌，交融新旧，同构古今，蕴藉风流。让我们行走在这座"博物馆之城"，聆听历史沧桑的回响，触摸万物变迁的脉动。

1. 下列加点词语与文段中"风流"含义相同的一项是（　　）
A. 同窗好友如风流云散，各奔东西。
B. 藏于山林乡野，古镇风流犹存。
C. 数风流人物，还看今朝。
D. 苏轼写承天寺月色，不著一字，尽得风流。

2. "蕴藉"在语境中的词义为_____。

我的得分为_____分

我来看一看

基础模块·上册

舸：大船。课文中泛指船只。

怅寥廓：面对广阔的宇宙惆怅感慨。怅，原意是失意，课文中用来表达由深思而激昂慷慨的思绪。寥廓，指广阔的宇宙。

谁主沉浮：盛衰兴废究竟由谁决定主宰。主，主宰。沉浮，指

第一编 基础知识及运用

事物盛衰、消长。

峥嵘岁月稠：不平常的日子是很多的。峥嵘，不平凡，不寻常。稠，多。

书生意气，挥斥方遒：同学们意气奔放，正显得强劲有力。挥斥，奔放。遒，强劲有力。

指点江山，激扬文字：评论国家大事，写出激浊扬清的文章。江山，代指国家大事。激扬，激浊扬清，抨击恶浊的，褒扬美好的。

粪土当年万户侯：把当时的军阀官僚看得同粪土一样。粪土，名词用作动词，视……如粪土。万户侯，课文中指大军阀、大官僚。

浪遏飞舟：用力拍起的浪花阻挡住了飞奔而来的船只。遏，阻止。

顿时生色：立刻增添了色彩。

百无聊赖：对一切都不感兴趣；精神无所寄托，非常无聊。

怡然自得：形容安适、愉快而满足的样子。怡然，安适、愉快的样子。

贻笑大方：让有见识的内行笑话。贻，遗留。大方，有见识的内行人。

万籁俱静：形容周围环境非常安静。万籁，指自然界的各种声响。

姗姗而下：形容缓慢从容地离开。姗姗，走路缓慢从容的样子。

洋洋洒洒：形容写文章时思路活跃，挥写自如。

下笔如有神：形容文章写得好而快。

氛围：笼罩着某种场合的特殊气氛或者情调。

促膝：形容靠近。促，挨近。

瞥见：一眼看见。瞥，很快地看一下。

清冽：清爽而略带凉意；有时表清凉之意。冽，寒冷。

荷枪：背或扛着枪。荷，背。

札记：读书时摘记的要点和心得。

泅水：也叫泅渡，游泳的意思。泅，游水。

凫水：通常指人或者动物在水上漂浮游动，嬉戏打闹。凫，野鸭。

藕断丝连：比喻没有彻底断绝关系。多指男女之间情思难断。

欢天喜地：形容非常高兴。

万里无云：湛湛蓝天，没有一丝云彩。形容天气晴朗。

一钱不值：一个铜钱都不值。比喻毫无价值。

铜墙铁壁：比喻十分坚固、不可摧毁的事物。

彷徨：走来走去，犹豫不决，不知往哪个方向去。也表示坐立不安，心神不定。

凄婉：悲伤婉转。形容声音凄切婉转。

颓圮：倒塌、坠落、败坏。圮，毁坏，倒塌。

惆怅：因失意或失望而伤感、懊恼，用来表达人们心理的情绪。

稠密：形容多而密。

太息：出声叹息。

窠：鸟兽昆虫的巢穴。

懊丧：因事情不如意而情绪低落、精神不振。

幽僻：幽静而偏僻。

踱：慢步行走。

弥望：充满视野，满眼。弥，满。

田田：形容荷叶层层相连的样子。古乐府《江南曲》中有"莲叶何田田"的句子。

亭亭：形容女子身材修长或花木形体挺拔。课文中形容舞女姣好的身材。

第一编　基础知识及运用

点缀：加以衬托或装饰，使原有事物更加美好。课文中指荷花稀少。

袅娜：形容细长柔美的样子。

羞涩：难为情，态度不自然。

凝碧：聚合着绿色。凝，凝结。碧，绿色。

脉脉：课文中形容水没有声音，好像深含感情的样子。

风致：美好的容貌或举止。

丰姿：风度姿态，一般指人的姿态。也作"风姿"。

参差：长短、高低不齐的样子。

斑驳：色彩杂乱，参差不一。形容色彩纷杂。

峭楞楞：寂然无声地直立着。

倩影：美丽的身影（多指女子）。倩，美丽。

一例：一概，一律。

没精打采：形容精神不振，提不起劲头。采，精神。

艳歌：表现男女爱情的歌谣。

风流：指跟男女情爱有关的。课文中指年轻男女不拘礼法地表露自己的爱情。（《荷塘月色》）

妖童媛女：艳丽的少男和美丽的少女。妖，艳丽。媛女，美女。

羽杯：酒杯。

棹：船桨。

敛裾：课文中指收起衣裳。敛，收。裾，衣襟。

消受：享受。多用于否定句。

渺茫：辽阔的样子，烟波渺茫。

大意：疏忽，不注意。

厮认：互相认识。厮，互相。

纳罕：感到奇怪。

敛声屏气：恭敬严肃得不敢讲话、屏住呼吸。

轩峻：高大。

茗碗：茶碗。茗，泛指各种茶。

憨顽：天真顽皮。憨，朴实天真。

内帏：内室，女子居处。帏，同"帷"，帷帐。

布让：将菜肴、茶点等分送到客人面前，请其进食。

懵懂：糊涂，不明事理。

体格风骚：体态俊俏美好。

皮囊：借喻人的躯体。

纨绔：细绢做的裤，古代贵族子弟所穿，借指富贵人家子弟。

膏粱：肥美的食物，借指富贵人家子弟。

形容：形体容貌。

便宜：课文中是方便的意思。

盥：洗。

罥：挂，缠绕。

放诞：行为放纵，不守规矩。

风骚：课文中指姿容俏丽。

惫懒：涎皮赖脸。

外道：见外、客气、生疏的态度。

瞋视：发怒时睁大眼睛看。

些须：稍许，稍微。

乖张：偏执，不驯顺，与众不同。

不经之谈：荒诞的、没有根据的话。经，正常。

忖度：推测；揣度。

杜撰：没有根据地编造，凭空想出来。

风流：风韵。（《林黛玉进贾府》）

态度：言行举止所表现的神态。

蹂躏：比喻用暴力欺压、践踏。

殡仪：给已经逝去的人做身后事服务。

第一编 基础知识及运用

大氅：汉民族的传统服装之一，又称氅衣，属于男装罩衣的一种，特点是对襟大袖，整体宽大且有系带，一般做常服穿着。

解馋：满足对美味食物的渴求，亦比喻满足私欲。

呵斥：高声地斥责。

憔悴：指黄瘦、瘦损、瘦弱无力，脸色难看的样子。

罪孽：佛教语，指应当受到报应的罪恶。

攀附：指附着东西往上爬。比喻投靠有权势的人，以求高升。

肆意横行：随心所欲地为非作歹，不管他人的看法。

提心吊胆：形容十分担心或害怕。

胡思乱想：没有根据或不切实际地瞎想。

忧心忡忡：形容心事重重，非常忧愁、担心。

纹丝不动：一点儿也不动。形容动作没有丝毫改变。

基础模块·下册

永垂不朽：指光辉的事迹和伟大的精神永远流传，不会磨灭。垂，留传后世。

不屈不挠：比喻在压力和困难面前不屈服，表现十分顽强。屈，屈服。挠，弯曲。

蒙尘：蒙受风尘，美好的事物遭到埋没。

意气风发：形容精神振奋，气概豪迈。

颐指气使：指不说话，只用面部表情来示意。形容有权势者指挥别人时的傲慢神气。

休戚与共：彼此之间忧喜祸福都共同承受。形容同甘共苦。休，欢乐，喜悦。戚，忧愁，祸患。

熙熙攘攘：形容人来人往，非常热闹。熙熙，和乐的样子。攘攘，纷乱的样子。

运筹帷幄：在帷幕之中指挥、谋划。后泛指策划机要。

讷讷：形容说话迟钝、不连贯。

着恼：生气。

半晌：许久，好久。

张皇：惊惶不安的样子。

讪讪：形容不好意思、难为情的样子。

寒暄：问寒问暖，指见面时谈些天气冷暖之类的应酬话。暄，温暖。

朱拓：用朱红色的颜料从碑刻上印下文字或图形。

间或一轮：偶尔转动一下。

踌蹰：犹豫、迟疑。

不更事：经历世事不多。更，经历。

怨府：怨恨集中的地方。课文中指埋怨的对象。

谬种：坏东西。

良能：生来就具有的能力。

沸反盈天：形容人声喧闹杂乱。沸反，像沸水一样翻腾。盈，满。

蹙缩：皱缩。

强：固执，不服劝导。

歆享：指神享用祭品。

牲醴：祭祀用的牲口和甜酒。牲，原指祭祀用的牛、羊、猪三牲，后来也泛指祭祀用的肉类。醴，甜酒。

便宜行事：自行决定适当的措施或办法。

江东：古时指长江下游芜湖、南京以下的南岸地区，也泛指长江下游地区。

师旷之聪：像师旷那样耳朵灵。师旷，春秋时代音乐大师，善于辨别乐音。

闻弦歌而知雅意：只听见整个曲子的前奏部分就可以领会到整首曲子所表达的意味、意境。用来比喻别人说话只需要蜻蜓点水或者稍加暗示你就能够完全明白他的意思。

觥筹交错：酒杯和酒筹杂乱地放着。形容许多人聚会喝酒时的热闹场景。觥，古代的一种酒器。筹，行酒令的筹码。

汗涔涔：形容汗水不断流下。

昧心：违背良心。昧，昏，糊涂，不明白。

谛听：仔细地听。谛，仔细。

见地：见解。

惊愕：吃惊而发愣。

弥补：把不够的部分补足。

交涉：跟对方商量解决有关的问题。课文中含有办成事情的意思。

郁热：闷热。郁，积聚而不得发泄。

怨愤：怨恨、愤怒。

一帆风顺：比喻非常顺利，毫无挫折。

于心不忍：自己心里忍受不了。

门第：指整个家庭的社会地位和家庭成员的文化程度等。

寒碜：丢脸，不体面。

差序格局：这是费孝通提出的。指发生在亲属关系、地缘关系等社会关系中，以自己为中心像水波纹一样推及开，愈推愈远、愈推愈薄且能放能收、能伸能缩的社会格局，且它随自己所处时空的变化而产生不同的圈子。

系维：指连接。

无为政治：一种哲学思想，主张政府应该采取不干预的态度，让自然规律和市场机制自行调节社会经济的发展。这种政治理念源于中国古代哲学家老子的思想，认为过度的政府干预会破坏社会的平衡和自由，导致社会的不稳定和不公。

长老统治：指在乡土社会中，长者、老者因其丰富的生活经验和权威地位，对于社会秩序和决策具有重要影响的一种统治方式。

血缘：血统。

地缘：地理缘由。"地缘政治"，即有地理因素参与作用下形成的政治状况。

浅尝辄止：略微尝试一下就停止。比喻不肯下功夫深入钻研。辄，就。

坚韧不拔：形容信念坚定，意志顽强，不可动摇。拔，移动。

卓有成效：有突出的成绩和效果。卓，卓越，高超。

翌年：次年。

横亘：（桥梁、山脉等）横跨，横卧。亘，（空间上或时间上）延续不断。

扭转乾坤：把天地扭转过来。比喻彻底改变原有状况或局面。乾坤，借指天地、局面等。

恰如其分：指办事或说话正合分寸。恰，正好。分，合适的界限。

半斤八两：一个半斤，一个八两。比喻彼此一样，不相上下。八两，即旧制的半斤。

各有千秋：比喻各人有各人的长处，各人有各人的特色。千秋，千年，引申为久远。

推陈出新：课文中指在原有的基础上进行改进，创新设计。一般指对旧的文化进行批判的继承，剔除其糟粕，吸取其精华，创造出新的文化。推，除去，淘汰。

振奋人心：使人们的情绪、精神振作奋发。

君臣佐使：中医学名词，指方剂组成的基本原则。课文中指中药方剂中各种药材搭配得当、剂量适中。

沧海一粟：比喻非常渺小。粟，谷子。

令人神往：指使人一心向往。令，使。

健步如飞：形容身体矫健，行走速度极快。健步，脚步快而有力。

昂首阔步：形容精神振奋，意气昂扬。昂，仰，高抬。

心不在焉：形容思想不集中。焉，这里。

撼天动地：形容力量强，声势大。撼，摇动。

理直气壮：理由充分，因而说话有气势。直，正确，充分。

职业模块

啃啮：啃咬。比喻折磨。

臻：达到。

铃铎：挂在宫殿、楼阁等檐下的铃。

一爿：商店、工厂等一家叫一爿。爿，量词。

鬈曲：毛发弯曲。

踢跶：拟声词，形容脚步声。

趿：趿拉，指把鞋后帮踩在脚后跟下。

匋：同"陶"。

竹枝词：一种诗体，由古代巴蜀间的民歌演变而成。

瀛洲：本是海上仙山，课文中指池中洲渚。

紫殿：指帝王宫殿。

滹沱：滹沱河，发源于山西，流入河北，与滏阳河汇合后叫子牙河。

漠南：也作"幕南"，指蒙古高原大沙漠以南地区。

塞马：诗中指塞外蕃使之马。

瀼西：今重庆奉节，因在瀼水之西而得名。

縠文：像绉纱一样的波纹。縠，绉纱类的丝织品。文，同"纹"。

目今：现今。

流光：指光阴。

野人：指农人。

鸦舅：鸟名。似鸦而小，黑色。

羱羊：北山羊，形状似山羊，形体比山羊大，雌雄都有角，生活在高山地带。

缯：古代丝织品的统称。

绡：生丝织成的绸子。

醴酪：甜酒和奶酪。酪，用乳汁制的半凝固状食品。

龟裂：同"皲裂"，呈现许多裂纹。

萌蘖：指植物长出新芽。萌，生芽、发芽。

卢橘：枇杷。

啖：吃。

卑之无甚高论：出自《史记·张释之列传》，原文作"卑之毋甚高论"，意思是不要说过于高深的话。

裨益：好处。

一蹴而就：踏一步就会成功。形容事情轻而易举，一下子就能完成。蹴，踏。就，成功。

我来试一试

1. 阅读下面的文字，完成习题。

伟大的革命精神给予我们心灵丰富的滋养：南湖的红船开辟了民族的新航道，长征路上的雪山草地锻造了民族的_____（A. 坚韧不拔　B. 顽强拼搏），延安窑洞里的灯火点燃了民族胜利的希望，两弹一星的光芒辉映了民族的奋发图强……伟大的革命精神激荡人心，催人奋进。新时代青年身处历史洪流，应有以民族复兴为己任的志气，做中华民族脊梁的骨气，常补精神之钙，时时掸去思想之尘，以赤诚之心立报国之志，甘做一颗永不懈怠、永不生锈的螺丝钉，创造无愧于时代的崭新业绩。

结合语境，填在横线上最恰当的词语为　　　　（　　）

2. 阅读下面的文字，完成习题。

在巴黎奥运会的聚光灯下，中国"00后"运动员数量以超七成之势，成为中国年轻一代的鲜活注脚。这群在网络时代浪潮中成长起来的青年，以更加开放的心态和自信的表达，向全世界展示中国面貌。他们不仅是中国体育的未来，更是新时代青年力量的象征。在赛场上，他们以无畏拼搏和卓越的技艺，为国争光；在赛场下，他们则以独特的人格魅力和对网络的敏锐洞察力，影响着世界对中国年轻一代的看法。后浪激荡，初露峥嵘。这群"00后"运动员正以自己的方式，向世界展示着中国年轻一代的活力与创造力。

"峥嵘"在语境中的词义为＿＿＿＿＿＿＿＿＿＿。

3. 阅读下面的文字，完成习题。

新时代十年，中国经济、科技、文化全面复兴，飞速发展。在此背景下，国产科幻文学与影视深度融合，两者相辅相成，掀起了一股科幻新浪潮，推动中国科幻进入异想天开的活跃期。越来越多的青年科幻作家各得其所，发表了一批广受欢迎的科幻作品，不同类型的科幻题材影视剧不期而至，相继播映……

上面这段话中，加点成语使用正确的一项是 （　　）
A. 相辅相成　　B. 异想天开　　C. 各得其所　　D. 不期而至

参考答案：

【我来测一测】

1. B

2. 蕴藉：含蓄而不显露。

第四章 关联词

我来测一测

班级即将开展"不同体裁文章的阅读方法"讨论会,每位同学都将分享自己的阅读经验。为了分享时将复杂的思想和多样的信息更有逻辑地表达出来,你的同桌正在斟酌发言稿中的关联词,请你一起看看下面一段文字中三处关联词使用得是否合适(合适的画"√",不合适的画"×")。(每题2分,共6分)

举个例子,红楼梦中的凤姐,她<u>既是</u>贾府的掌家人,<u>又是</u>贾母的孙媳妇,<u>还是</u>【甲】王夫人的儿媳妇、贾琏的妻子。凤姐的多重身份造就了她精明泼辣、能言善辩的性格。<u>因为</u>没有理清楚这些人物关系,<u>那么</u>【乙】大观园中发生的种种故事,你也只是知道一点点皮毛,<u>却</u>不知道里面究竟深藏着哪些秘密,<u>更</u>【丙】不可能理解每个人物对话之间所隐藏的暗喻以及书籍背后的故事。

【甲】处:既是……又是……还是…… (　　)
【乙】处:因为……那么…… (　　)
【丙】处:却……更…… (　　)

我的得分为_____分

我来看一看

一、什么是关联词

两个或两个以上在意义上有密切联系的句子组合在一起,叫复句,也叫关联句。复句通常用一些关联词来连接。

二、常见的关联词类型

（一）并列关系

1. 概念：表示两种或两种以上情况都存在，且平行并列、程度相当。

2. 示例：……也……、……同时……、一边……一边……、一方面……另一方面……、一会儿……一会儿……、是……不是……、不是……而是……、有时……有时……、又……又……、既……又……

（二）承接关系（也叫顺承关系）

1. 概念：表示连续的动作或连续发生的一系列事件。

2. 示例：……便……、一……就……、……然后……接着……、……于是……、起先……后来……、首先……然后……

（三）递进关系

1. 概念：表示后一种情况的程度更深一层。

2. 示例：……而且……、……甚至……、不仅（不但、不只、不光）……而且（还、也、又）……、不但不（非但没）……反倒还（偏偏还）……

（四）因果关系

1. 概念：表示一事物是另一事物出现的原因或结果。

2. 示例：因为（因、由于）……所以（才、就）……、之所以……是因为……、因……故……、既然……就……、……因此（因而、所以、因为）……

（五）选择关系

1. 概念：有两种或两种以上的事件或情况，并要从中选择一种。

2. 示例：是……还是……、不是……就是……、要么……要么……、……还不如……、或者……或者……、与其……不如……、宁可……也不……

选择关系可以细分为三种：

商选：是……还是……、或者……或者……，表示从所给的选项中选择一项，是商量的语气。

限选：不是……就是……、要么……要么……，表示必须二选一，非此即彼，语气肯定、坚决。

决选：与其……不如……、宁可……也不……，表示在列出的选项中已做出选择，语气也较为坚决。

（六）转折关系

1. 概念：前后分句的意思相反或相对，意思有转折。

2. 示例：虽然……但是……、尽管……还……、……但（可、却、可是、然而、不过、只是）……

（七）假设关系

1. 一个分句或多个分句提出假设情况，另一个或几个分句阐述假设实现后会出现什么结果。

2. 示例：如果（假设、若、倘若、要是、万一）……就（便、那、那么、则）……、即使（就是、就算、哪怕、纵然）……也（还）……

（八）条件关系

1. 概念：前一个分句提出条件，后面的分句阐述在这种条件下产生的结果。

2. 示例：只要……就……、只有……才……、无论（不管）……都……、除非……才……、任凭……也……

我来试一试

1. 请为以下讨论会的发言选择最正确的关联词选项。（   ）

我想在这里说明的一点，诗歌_____不像小说那么重细节，_____动人的诗歌也是有细节的。_____是虚中有实还是实中有虚的抒情诗，_____可能是有细节的。_____它那关于情或景的细节，有的是实写，有的是虚写而已。

A. 也　可　不论　都　不过　B. 虽　但　不论　都　不过
B. 也　却　尽管　都　只是　D. 虽　但　尽管　都　只是

2. 请为以下讨论会的发言选择最正确的关联词选项。（　　）

我们曾说，中学生初学文言文时不要依赖译文。这并不是说在整个学习过程中绝对不去参看译文。其实，_____肯动脑筋，_____不盲目机械地看待译文，_____，只要译文不是太差，看看译文也无妨。有时候把译文跟注释对照起来揣摩学习，_____不失为一种可行的方法。

A. 一旦　如果　而且　就　　B. 如果　而且　那么　也
C. 如果　并且　因此　也　　D. 因为　进而　所以　仍

参考答案：

【我来测一测】

【答案】1. ✓　2. ✗　3. ✓

第五章 语病

我来测一测

班级第三期《匠心日报》的稿件中有这样3个句子,请判断句子是否为病句(非病句画"√",病句画"×")。(每题2分,共6分)

1. 除了驾驶员要有熟练的驾驶技术、丰富的驾驶经验外,汽车本身的状况也是保证行车安全的重要条件。(　　)

2. 炒鞋之风又起的原因,是商家的恶意炒作,炒客们的跟风和投机所造成的。(　　)

3. 教育部明令"严禁幼儿园提前教授小学教育内容",一些幼儿园却置若罔闻,将小学教育内容强行植入幼儿的课堂。(　　)

我的得分为_____分

我来看一看

一、什么是语病

语病是指语句中措词失当或不合逻辑的毛病。

二、常见的语病类型

(一) 语序不当

1. 多重定语语序不当。

多重定语的正确顺序一般是:① 表领属或时间、处所的词或者短语;② 表指称或数量的短语;③ 动词或动词短语;④ 形容词或形容词短语；⑤ 名词或名词短语。

例如，国家队的（领属）一位（数量）有 20 多年教学经验的（动词短语）优秀的（形容词）篮球（名词）教练。

示例：中国首个正在开发的深海空间站将让工作人员在近 1000 米以下深海中工作、生活两个月。该项目将加强中国在此前未能抵达的海床上勘探、开采矿藏的实力，可能在 2020 年前完成。(语序不当，应将"首个"调到"深海空间站"前面。)

2. 多重状语语序不当。

如果一个句子有多个状语，它们的正确次序一般是：① 表目的或原因的介宾短语（常在句首，用逗号和主语隔开）；② 表时间或处所的词或短语；③ 表范围程度的词或短语；④ 表情态的词或短语。另外，表对象的介宾短语一般紧挨在中心语前。

例如，许多教师今天早上（时间）在会议室里（处所）都（范围）热情地（情态）同他（对象）交谈。

3. 定语和状语次序错位。

（1）定语误放在状语的位置。如"一颗一颗串着珍珠"应改为"串着一颗一颗珍珠"。

（2）状语误放在定语的位置。如"大家交换了广泛的意见"应改为"大家广泛地交换了意见"。

4. 并列词语或并列短语语序不当。

并列成分中的各项，要注意其轻重、缓急、先后、大小的关系，否则容易出现错误。

示例：

① 学生、领导和老师都参加了开学典礼。（"学生、领导和老师"应改为"领导、老师和学生"。）

② 全厂职工认真讨论、听取了厂长关于改善经营管理的报告。（"讨论、听取"应改为"听取、讨论"。）

5. 虚词位置不当。

（1）关联词的位置不当。复句中，两个分句主语相同时，关联词放在主语后边；两个分句主语不同时，关联词放在主语前边。

示例：小李因为睡眠不好，所以父母很为他担心。（前后主语不同，"因为"应放在"小李"之前。）

（2）副词的位置不当。

示例：美国把世界不放在眼里。（"不"应放在"把"之前。）

6. 分句间次序不当。

一个句子由几个分句组成时，各分句之间常有主次、轻重、因果、承接、递进关系，如果颠倒了，就会造成分句间次序不当。

7. 主客体颠倒。

示例：詹姆斯·卡梅隆执导的《阿凡达》对于中国青年是不陌生的。（应改为"中国青年对于詹姆斯·卡梅隆执导的《阿凡达》是不陌生的。"或"詹姆斯·卡梅隆执导的《阿凡达》对于中国青年来说是不陌生的。"）

（二）搭配不当

1. 主谓搭配不当。

主要表现为谓语不能陈述主语，有时主语或谓语由联合短语充当，其中一部分不搭配。

示例：人民的生活水平正在不断地改善。（主语"水平"与谓语"改善"不搭配，应将"改善"改为"提高"。）

2. 动宾搭配不当。

动词和宾语要在意思上和语法上搭配。常见错误是：当动词带两个以上宾语时，后面的宾语与动词不搭配。

示例：他统一安排了现场会的内容、时间和出席人员，以及会议中应注意的问题。（动词"安排"与宾语"会议中应注意的问题"搭配不当。）

3. 主宾搭配不当。

示例：我们坚信有这么一天，中国的工业和农业终会成为发达的国家。（"工业和农业"不能成为"国家"，主宾搭配不当。）

4. 修饰语与中心词搭配不当。

修饰语与中心词搭配不当的情况具体可分为以下三类：

（1）定语和中心语不搭配。

示例：我们有吃苦耐劳的人民，又有优裕的自然资源。（"优裕"不能修饰"自然资源"，可改为"丰富"。）

（2）状语和中心语不搭配。

示例：要掌握走私犯活动的规律，以便稳准狠地识别和打击他们。（"稳准狠"不能修饰"识别"，可改为"更好地"。）

（3）补语和中心语不搭配。

示例：一到晚上，他就吓得胆小如鼠，不敢出门。（"胆小如鼠"不能作"吓"的补语，可改为"胆战心惊"。）

5. 一面与两面不搭配。

示例：旅游市场价格上涨也体现了一定的供需矛盾，这就导致海鲜个别品种价格上涨过快。看来，能否保证"高价高质"，确保游客满意度高，是政府部门的工作目标。（句中"能否"属于两面，而"政府部门的工作目标"仅一面，不能搭配，所以应去掉"能否"。）

6. 关联词语不搭配。

示例：使用这种罗盘，无论在阴云密布以及早晚看不到太阳的时候，都不会迷失方向。（"无论"不能与"以及"搭配，应改为"无论……还是……"。）

（三）成分残缺或赘余

1. 成分残缺。

（1）主语残缺。

示例：通过学习，使我提高了认识。（句子开头使用介词"通过"，而后边用了"使"字，致使全句缺少主语。可以去掉"通过"或"使"，使句子主语变为"学习"或"我"。）

（2）谓语残缺。

示例：中国人民正在为建设一个现代化的社会主义强国。（句中主语是"中国人民"，"为建设一个现代化的社会主义强国"是一个介词结构，只能作状语，全句缺少谓语，可在状语之后补上谓语"努力奋斗"。）

（3）宾语残缺。

示例：这篇报告列举了大量事实，控诉了人类破坏大自然，滥杀动物。（"滥杀动物"后加上"的罪行"，并把第二个逗号改为顿号。）

（4）介词、定语、状语缺少或不完整。

示例：我国鸟类工作者经过 18 年的考察，已查明先后在贵州高原鸟类多达 417 种。（第二个"鸟类"之前缺少修饰语，可补出"栖息的"定语。）

2. 成分赘余。

句子结构已经完整了，句意已经明确了，如果再多出些不必要的词语，就会出现成分赘余的毛病。

成分赘余主要有以下几类：

（1）堆砌词语。

示例：昨天是转会截止日期的最后一天，中国足协又接到 25 名球员递交的转会申请。（"最后一天"与"截止日期"重复。）

（2）语义重复。

示例：在甲 A 联赛期间，非常酷爱足球的老爸常常对着电视看到深夜，惹得老妈唠唠叨叨。（"非常"与"酷"语义重复。）

（3）虚词多余。

示例：这些问题，可以诉诸于司法部门来解决。（"诸"即"之于"。）

常见赘余语病：

① 白白虚度（"虚"含"白白"意，"白白"赘余。）
② 被应邀（"应邀"含"被"意，"被"赘余。）
③ 到此光临（"光临"含"到"意，"到此"赘余。）
④ 非常嗜好（"嗜好"含"非常"意，"非常"赘余。）
⑤ 非常酷爱（"酷爱"含"非常"意，"非常"赘余。）
⑥ 共同协商（"协商"含"共同"意，"共同"赘余。）
⑦ 过分苛求（"苛求"含"过分"意，"过分"赘余。）
⑧ 可以堪称（"堪称"含"可以"意，"可以"赘余。）
⑨ 多年的夙愿（"夙愿"含"多年"意，"多年"赘余。）
⑩ 原因是因为（"原因是"即"因为"，两者留一。）
⑪ 诉诸于武力（公诸于众、见诸于报刊、付诸于流水）（"诸"即"之于"，与后面"于"重复，可删"于"或改"诸"为"之"。）

（四）结构混乱

1. 句式杂糅。

句式杂糅就是指有两个或两个以上的句子成分杂糅在一起，从而造成语句结构的混乱。

示例：阅览室图书经常出现"开天窗"现象，我们可以从这一现象反映两个问题，一是阅读者素质有待提高，二是管理力度有待加强。（"我们发现问题"和"现象反映问题"两套句式杂糅。可改"反映"为"看出"或"发现"，也可删"我们可以从"。）

常见句式杂糅：

① 本着……为原则
② 以……即可
③ 是为了……为目的的
④ 对于……问题上
⑤ 由于……下
⑥ 原因是……造成的

⑦ 经过……下

⑧ 出于……决定的

⑨ 借口……为名

⑩ 是因为……的原因

⑪ 有……组成

⑫ 靠的是……取得的

⑬ 关键在于……是十分重要的

⑭ 围绕以……为中心

⑮ 大多以……为主

⑯ 成分是……配制而成的

⑰ 是由于……的结果

2. 暗换主语。

暗换主语指在语言表达中,前面句子的主语,与后面句子的主语不一致。

示例:中国皮影戏的艺术魅力曾经倾倒和征服了无数热爱它的人民,它的传播对中国近代电影艺术也有着不可忽视的启示作用。("它的传播"中的"它"指的是"中国皮影戏",而不是"中国皮影戏的艺术魅力"。所以可改"它"为"中国皮影戏"。)

3. 中途易辙。

中途易辙指在语言表达中一句话说了一半,忽然另起炉灶,又来了一句,造成句子之间没有衔接。

示例:坐火车到威尔士北部最高的斯诺登尼亚山峰去观赏高原风光,是威尔士最主要的一个景点。(前一句说"坐火车去观赏高原风光",后一句应表达感受之类的内容,却交代"威尔士最主要的一个景点",造成句子之间缺少衔接。)

(五) 表意不明

1. 词的多义导致歧义。

一个句子里的某个词是多义的,或某个词组(短语)的意义不确定，就可能引起歧义。

示例：县里通知说，让赵乡长本月 15 日前去汇报。（"前"作形容词，表以前之意，时间范围大；"前"作动词，表往前走之意，则只能在 15 日这一天去县里。）

2. 停顿歧义。

句子中停顿的地方不同，会引起意义上的差别，造成歧义。句子中不该停顿的地方停顿了（加了标点符号），也可能使句子产生歧义。

示例：老胡看到我们非常惊讶，连忙把分别后的情况告诉我们，还热情地拉我们上他家去。（这句停顿不同，有两种理解：一是"老胡看到我们/非常惊讶"，二是"老胡看到/我们非常惊讶"。）

3. 指代不明。

有些句子因代词或名词性短语指代不明而造成歧义。

示例：电影《英雄》上映以后，李冯的同名小说也备受青睐，观众认为其画面精美，善于营造视觉氛围。（"其"指代不明，容易让人误解为指代的是"李冯的同名小说"。）

4. 修饰两可。

句子中的定语，因其修饰、限制的对象不确定，也会引起歧义。

示例：局长嘱咐几个学校的校长，新学期的工作一定要有新的起色。（"几个学校的校长"有歧义，"几个"可以理解为修饰"学校"，也可理解为修饰"校长"，修改时可换用有关量词，分别用"所""位"等修饰"学校"或"校长"。）

（六）不合逻辑

1. 并列不当。

并列不当指将不同范畴的概念划为同一范畴，或将具有主从关系（如学生与中学生）、交叉关系（如工人与青年）的概念并列使用。

示例：我国的河湖泽出产鱼、虾、盐、碱等水产品。（"鱼"

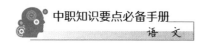

"虾"是水产品,"盐""碱"不是水产品,它们不是同一范畴的概念,句中却说"盐""碱"都是水产品。)

2. 前后矛盾。

前后矛盾指前面的说法与后面的说法自相矛盾,彼此冲突,它包括时间、数量、范围、动作、位置、状态等多方面的矛盾。

示例:由北京人民艺术剧院复排的大型历史剧《蔡文姬》定于5月1日在首都剧场上演,日前正在紧张地排练之中。("日前"即"前几天",表示时间已经过去,"正"表示正在进行之中,二者在时间上相互冲突,可将"日前"改为"目前"。)

3. 否定失误。

否定失误一般有两种情况:一是不、没有、否认、否则等否定词的重复出现或多次出现造成否定失误;二是杜绝、忌等否定词的误用造成否定失误。

示例:为了防止这类交通事故不再发生,我们加强了交通安全的教育和管理。(":防止……不再……"构成双重否定,双重否定等于肯定,这等于说,为了让交通事故再次发生……,应改为"为了防止这类交通事故再次发生……"。)

4. 不合事理。

不合事理是指句子表达的语意与通常的事理相悖,不能使人信服。

示例:2019年春节期间,这个市的210辆消防车,3000多名消防队员,放弃休假,始终坚守在各自执勤的岗位上。("210辆消防车""放弃休假",从事理上讲不通。)

5. 强加因果。

这种语病常常出现在复句之中,分句之间本来没有因果关系,却强加因果关系。

示例:我曾看见他和一个不三不四的人说话,他肯定是加入了流氓团伙。(根据"他和一个不三不四的人说话",就推断"他肯定是加入了流氓团伙",理由不充足,不能让人信服,不合逻辑。)

我来试一试

1. 下列各句没有语病的一项是 （ ）
A. 了解沙尘暴,认识沙尘暴,是为了从科学的角度达到对沙尘暴进行预防的目的。
B. 大学招生所采取的"择优录取"有利于鼓励青年学生刻苦学习,努力上进,提高自身素质,参与公平竞争的好风气。
C. 为了维护房价数据的"稳定",部分一线城市对高价房暂停发放预售许可证,使高价房无法入市销售,低价房源则加大入市力度,从而拉低了新房的平均成交价格。
D. 我们一定能在奥运之际展现出古老文明大国的风范,那时我们的城市不仅会变得更加美丽,每一个人也会更讲文明。

2. 下列各句没有语病的一项是 （ ）
A. 由于一至四号"神舟"无人飞船的成功返回,使中国加入了航天开发大国的行列,这也是中国国力日渐强大的标志。
B. 去年我国的石油输出总量是世界上石油输出最多的国家之一。
C. 我们一方面要加强培养人才的工作,另一方面要把现有的中年知识分子用好,把他们的积极性充分调动起来。
D. 环保事件之所以经常性地频频发生,有专家分析认为,主要是由于一些地方政府单纯地依靠大规模投入获取经济增长速度,使得资源消耗惊人,环境污染日渐严重。

参考答案：
【我来测一测】
【答案】1. × 2. × 3. ✓
【详解】1. 应为"汽车本身良好的状况"。2. 删去"造成的"。

第六章　标点

我来测一测

阅读下面的文字,完成各题。(每题2分,共6分)

"我还是从前那个少年,没有一丝丝改变,时间只不过是考验,种在心中信念丝毫未减……"一群银发老人合唱的《少年》在网络热传。永葆少年气,是历尽千帆、举重若轻的沉淀,也是乐观淡然、笑对生活的豁达。他们当中有矢志"造飞机"的专家,有毕业后赶赴核试验基地的伉俪,干惊天动地事,做隐姓埋名人,一干就是一辈子。"红日初升,其道大光;河出伏流,一泻汪洋……美哉我少年中国,与天不老【甲】壮哉我中国少年,与国无疆【乙】"《少年中国说》里的蓬勃朝气,属于每一个志不变、心不老的人。【丙】种在心中的信念未减,我们【丁】走遍万水千山。(选自《人民日报》,有删改)

1. 在语段【甲】【乙】两处分别填入标点符号,最恰当的一项是　　　　　　　　　　　　　　　　　　　(　　)

　A.【甲】处填分号;【乙】处填句号。
　B.【甲】处填分号;【乙】处填叹号。
　C.【甲】处填叹号;【乙】处填句号。
　D.【甲】处填叹号;【乙】处填叹号。

2. 下列说法不正确的一项是　　　　　　　　(　　)

　A. "举重若轻"运用比喻的修辞,形象地表明能力强,能够轻松地胜任繁重的工作或处理困难的问题。
　B. "说"是古代的一种文体,可以记事,也可以发表议论,

第一编 基础知识及运用

都是为了说明一个道理,像《少年中国说》《爱莲说》《马说》等。

C. "一群银发老人合唱的《少年》在网络热传。"一句的主干是"老人在热传"。

D. "只要种在心中的信念未减,我们才能走遍万水千山。"这句话有语病。

3.【丙】【丁】两处的关联词为(　　)(　　)。

我的得分为_____分

我来看一看

一、什么是标点符号

标点符号是书面上用于标明句读和语气的符号。

二、常见的标点符号类型

(一) 句号

1. 用法:表示陈述语气的一句话说完的停顿用句号。

2. 使用句号应注意以下几点:

(1)起关联作用的词语前面,一般不用句号。因为关联词语常常用来连接分句或者短语。有些时候,关联词语不是连接分句或者短语的,而是连接另一层句子的,它的前后是两个相对独立的句子,这时,关联词语的前面也应该用句号。

示例:

① 这来的便是闰土。虽然我一见便知道是闰土,但又不是我记忆中的闰土了。

② 我已经说过:我向来是不惮以最坏的恶意来推测中国人的。但这一回却很有几点出乎我的意料。

(2)有些句子,虽然是祈使句或感叹句,但是所表达的语气委婉舒缓,句末也应使用句号,不能用感叹号。

示例:

① 老师,我们走吧。

② 累了,坐一会儿再走吧。

(3) 有些句子有疑而无问,形似疑问句,使用了"谁""什么""怎么"等表示疑问的词语,但整个句子不是疑问语气,句末应使用句号,而不能用问号。

示例:

① 而我并不知道她现在怎么样了。

② 请你打听一下去超市走哪条路。

(二) 问号

1. 用法:表示疑问语气的一句话说完的停顿用问号。

2. 使用问号应注意以下几点:

(1) 认真区别选择问句与连续问句。选择问句中间用逗号,句末用问号;连续问句则各问句后均用问号。

示例:

① 她是从四叔家出去就成了乞丐的呢,还是先到卫老婆子家再成乞丐的呢?那我可不知道。

② 以前的事姑且搁起,这一大把铜元又是什么意思呢?奖她吗?我还能裁判车夫么?我又不能回答自己。

(2) 在特指问句中,不管用不用疑问代词或疑问语气词,句末都用问号。有几个问句,就用几个问号。

示例:除了他能去,谁还能去呢?你吗?你能去吗?我和你都不能去吧?

(3) 介于疑问句和陈述句之间的句子,使用问号还是句号,要看是疑问多还是陈述多。

示例：
① 雨下这么大，他可能不会来吧？
② 雨下这么大，他可能不会来了。

（4）局部引用的语言单位，引用部分的末尾若是问号则可以保留。

示例：我一走进教室，就看见"你浪费时间了吗？"的标语。

（三）叹号

1. 用法：表示感叹语气的一句话说完的停顿用叹号。
2. 使用叹号应注意，两个感叹词连用时，叹号一般用在后一个感叹词后面。

示例：啊，啊！又回到故乡了。

此外，应注意的是，倒装句虽然后半部分与前半部分位置变化了，但是句末点号不能倒置于前，而仍应放在句末。通常是倒置于前的成分后用逗号。

示例：你放着吧，祥林嫂！

（四）逗号

用法：表示一句话中间的停顿用逗号。当主语较长、主语是主谓短语、主谓倒置或为了强调主语时，主谓之间需要停顿，应使用逗号。此外，需要强调的状语后面、后置的定语或状语前面、复指成分之间、独立成分的后面、感叹语气较弱的感叹词的后面、不带强烈感情色彩的句首呼语或句中呼语的后面、较长的宾语前面、复句中分句之间，都要使用逗号。

示例：
① 这巨大的打击和难言的悲痛，几乎把吴吉昌击倒了。（主语较长）
② 快点吧，你们！（主谓倒装）
③ 据天气预报说，明天会有大风雪。（插入语）
④ 他们应有新的生活，为我们所未经生活过的。（定语后置）

⑤ 坚持改革开放，坚持精神文明建设，这是两件十分重要的大事。(复指成分)

⑥ 他，就是这次比赛的第一名。(强调主语)

⑦ 上午八点，我们准时出发。(句首状语)

(五) 顿号

1. 用法：句中并列的词或短语之间有较小的停顿时用顿号。

2. 以下几种情况下一般不能用顿号：表示概数的相邻两个数字之间、单音节的并列词语之间不能用顿号；多个词语并列，习惯上前面用顿号，最后一处用"和"或"及"；并列成分已有问号或叹号的，不应再用顿号；有时虽然是词或短语之间的并列，但是为了突出或强调，顿号改用逗号；等等。

示例：

① 她看上去七八岁的样子。(概数间不用顿号)

② 兄弟间要团结。(无停顿的单音节词间不用顿号)

③ 义理、考据和辞章。(前用顿号，后用"和")

④ 大街上到处摆着水果摊，甜瓜啊、西瓜啊、苹果啊……好诱人！(带语气词不用顿号)

⑤ 我能呼吸、吃、喝、睡眠。(并列词语作谓语不用顿号)

⑥ 故事讲得真实、动人。(并列词语作补语不用顿号)

⑦ 学校要求一、二年级的同学参加劳动。(相邻的两个数字连用，表示省略时要用顿号)

(六) 分号

1. 用法：句中并列成分之间的停顿长于逗号时用分号。

2. 使用分号应注意以下几点：

(1) 只有一重关系的复句，分句间的停顿一般用逗号而不用分号，而多重复句的第一重是并列关系时一般用分号。

示例：改革必然会带来新的进展，也不可避免地会出现新的问题，或发生某种偏差；改革一定会取得新的突破，也不可避免地会出现新的矛盾，或发生新的纠纷。

（2）有时为了延长停顿的时间，以突出分句间的转折、因果等关系，尽管不是并列关系，但可使用分号。

示例：我国年满十八周岁的公民，不论民族、种族、性别、职业、家庭出身、宗教信仰、教育程度、财产状况、居住期限，都有选举权和被选举权；但是依照法律被剥夺政治权利的人除外。

（七）冒号

1. 用法：冒号也是句中点号。有时用在提示词语之后的停顿，起提示下文的作用；有时用在表示总结的分句之前的停顿，起总结上文的作用。

2. 使用冒号应注意：有时不想强调提示语，或不直接引述"说"或"想"的内容，则不用冒号而用逗号。如果这类词语用在引文中间，其后用逗号；用在引文最后，其后则用句号。如果下文与提示语的内容不一致，不用冒号而用逗号。如果提示的部分不是句子的全部而是其中的部分，则不用冒号而用逗号。要特别注意用在总结性分句前面的冒号。

示例：她一手提着竹篮，内中一个破碗，空的；一手拄着一支比她更长的竹竿，下端开了裂：她分明已经纯乎是一个乞丐了。

（八）引号

1. 用法：

（1）引号表示引用的部分或特别指出的意义。引述，属于原引的用引号，属于意引的则不用引号。

（2）句子中，需要着重指出或强调的词语，有特定含义的词语，表示简称、专称、特称的词语，反语或表示讽刺揭露的词语以及拟声词，可以加引号。

2. 使用引号需要遵循的基本原则如下：

（1）若在引用的话里面还有引用的话，则双引号里面使用单引号；若单引号里再有引用的话，则单引号里面再使用双引号。如此循环。

（2）如果散文的引文是多段的，诗歌的引文是多节的，那么一般在每段（节）的开头都使用前引号，而到引文的结束才加后引号。

（3）若引文是完整独立的句子，则其末尾点号放在后引号内。若引文只作为引述者自己的话的一部分而失去独立性，则其末尾点号除问号、叹号外，一般都要删去；若引文结束处恰要停顿，则点号应放在后引号外。

示例：语法方面，有些古代特有的语序，像"吾谁欺""不我知""夜以继日"，现代不用了。

（九）括号

1. 用法：括号用来表示行文中的注释部分。

2. 使用括号重要的一点是区别句内括号与句外括号。括号里的内容如果是用来解释句中的某一部分的，用句内括号，且前括号要紧贴在被注释的内容之后。若该处正文恰在这里需用点号，则点号要放在后括号的后面。句内括号的内部可以有逗号或分号，但不能有句号；其行文末尾是问号或叹号的可以保留，其他点号则应删去。如果括号里的内容是对全句的注释，则用句外括号，后括号要放在句末点号的后面。

示例："口"变成"嘴"（原来指鸟类的嘴），"面"变成"脸"（原来指颊），"足"变成"脚"（原来指小腿）。

（十）破折号

1. 用法：破折号在文中多用来引出注释性的词语，常用来表示语意的转折、递进，话题的转换，语言的延续或声音的延长，有时也表示提示或总结。破折号前面的点号，如果是句号或逗号，则一般要删去；如果是问号或叹号，则一般要保留。

示例：热爱书吧！——这是知识的源泉。

2. 破折号和括号都可用来表示注释的部分。不同的是，破折号引出的话是正文的一部分，而括号里面的话不是正文的一部分。在朗读的时候，破折号引出的内容要连着正文读出来，而括号里面的内容一般不需要读出来，所以比较重要的注释通常要用破折号。

(十一) 省略号

用法：省略号表示文中的省略部分。其使用规则有以下几条：

(1) 省略号表示引文中有省略时，如果其前面是一个完整的句子，那么句中的句号、问号、叹号照用。

(2) 省略号在表示连续词语的省略，表示话没说完或说话过程中断断续续的语气时，其前面一般不用点号。

(3) 省略号和"等""等等"不能同时使用。

(4) 省略号的后面不能接着再用点号；整段文字的省略，省略号则单独成段。

示例：大概含铁的作褐色，含铀的作黄色，含铬的作绿色，含锌的作白色，含铜的作蓝色，含金含硒的作红色……

(十二) 书名号

1. 用法：表示书名、篇名、报刊名、文件名以及戏剧、影视、图画等名称时要用书名号。

2. 如果书名和篇名同时出现，不能用两个书名号，而是在一个书名号内，书名在前，篇名在后，中间用间隔号。如果书名内又有书名，则外面用双书名号，里面用单书名号。

示例：一切所谓圆熟简练，静穆幽远之作，都无须来作比方，因为这诗属于别一世界。(鲁迅《白莽作〈孩儿塔〉序》)

我来试一试

1. 下列句子中，标点符号使用规范的一项是 （　　）
A. 荷花变成人了？那不是我们的水生吗？又往左右看去，不久各人就找到了各人丈夫的脸。
B. 在这里，蓝天明月、秃顶的山、单调的黄土、浅濑的水，似乎都是最恰当不过的背景，无可更换。

C. 每群大约一、二十只，不知叫什么名的鸟，转了几圈，就匆匆飞走了。

D. "在考场上千万别慌"，老师再三对我们说："做题前一定要认真审题，看清题目要求再作答。"

2. 下列句子中，标点符号使用规范的一项是　　　　　（　　）

A. 现在他全然没想到这些，带着几个年轻小伙子，踏着积雪，一边走，一边高唱"南泥湾"。

B. 你结了婚，就搬了家，我以为这一辈子也见不着你了；谁知道我自己的孩子偏偏命定要跑到周家来，又做我从前在你们家里做过的事。

C. "问题就在这儿，"伊万·伊万内奇说："我们住在城里，空气污浊，十分拥挤，写些无聊的文章，这一切岂不就是套子吗？"

D. 原来这种制作方法开头的时候多用蓝色料，当时叫点蓝，就此叫开了。（我们苏州管银器上涂色料叫发蓝，大概是同样的理由）

参考答案：

【我来测一测】

【答案】1. B　2. C　3. 只要　就

第一编　基础知识及运用

第七章　修辞

我来测一测

下周三小月要代表学校参加"冰心杯"作文大赛，郭老师指导她写作要"文情并茂"。文，指文采，文笔；情，指感情。文章首先要表达真情实感，还需力求语言的准确生动，即用词妥当，修辞正确。郭老师对小月先进行了"修辞"指导训练。以下是小月的训练展示，请你判断是否正确（正确的画"√"，错误的画"×"）。（每题2分，共6分）

1. "想当年，金戈铁马"使用了借喻。　　　　　　　　（　　）
2. "微风过处，送来缕缕清香，仿佛远处高楼上渺茫的歌声似的"使用了比喻。　　　　　　　　　　　　　　　　（　　）
3. "那宽厚肥大的荷叶下面，有一个人的脸，下半截身子长在水里"使用了比拟。　　　　　　　　　　　　　　（　　）

我的得分为_____分

我来看一看

一、什么是修辞手法

修辞手法是通过修饰、调整语句，运用特定的表达形式，来增强语言表达效果的方式与方法。修辞使语言简明、连贯、得体、准确、鲜明、生动、形象，增强了语言交际的效能。

二、常用的修辞手法

(一) 比喻

1. 概念：比喻即打比方，是用某些有类似特点的事物来比喻想要说的某一事物的修辞手法。

2. 构成：本体（被比喻的事物或情境）、喻词（表示比喻关系的词语）、喻体（比喻的事物或情境）。

3. 作用：使事物生动形象、具体可感，引发读者的联想和想象，给人以鲜明深刻的印象；使语言文采斐然，富有感染力；使深刻的、抽象的道理浅显、具体地表达出来。

4. 类型：明喻、暗喻、借喻、博喻。

种类	本体	比喻词	喻体	示例
明喻	（出现）	像、好像、像……一样、似、好似、仿佛、仿佛……似的、宛如、犹如等	（出现）	有一位荷枪的战士，面向着东方，严肃地站在那里，犹如雕像一般。（茅盾《风景谈》）
暗喻	（出现）	是、成了、变成、变为、化成等	（出现）	树缝里也漏着一两点路灯光，没精打采的，是渴睡人的眼。（朱自清《荷塘月色》）
借喻	（不出现）	（不出现）	（出现）	久在樊笼里，复得返自然。（陶潜《归园田居（其一）》）
博喻	（出现）	（出现）	（出现）	层层的叶子中间，零星地点缀着些白花，有袅娜地开着的，有羞涩地打着朵儿的；正如一粒粒的明珠，又如碧天里的星星，又如刚出浴的美人。（朱自清《荷塘月色》）

(二) 比拟

1. 概念：比拟是把甲事物（本体）模拟作乙事物（拟体）来

写的修辞手法。

2. 作用：或增添特有的情味，或把事物写得神形毕现，栩栩如生，抒发爱憎分明的感情。

3. 类型：拟人、拟物。

种类	含义	示例
拟人	赋予物以人的思想感情、动作状态和语言	到了11月，一个冷酷无形，医生称之为肺炎的生客，大步在"聚居地"行走，冰冷的手指到处碰人。（欧·亨利《最后一片叶子》）
拟物	把人当作物来写，使人具有物的动作或情态；或者把甲事物当作乙事物来写，使甲事物具备乙事物的特征	那宽厚肥大的荷叶下面，有一个人的脸，下半截身子长在水里。（孙犁《荷花淀》）

4. 比拟与比喻的区别。

（1）相似点：都是两个事物相比。

（2）不同点：

① 比拟重在"拟"，本体与拟体彼此交融，浑然一体，本体必须出现，拟体不出现。

示例：白茫茫的盐碱地上，枯草在寒风中抖动。（穆青、冯健、周原《县委书记的榜样——焦裕禄》）

比喻重点在"喻"，分明喻、暗喻、借喻和博喻四大基本类型。

② 比喻和比拟的另一个重要区别是看本体与喻体、拟体的词性构成。

比喻的本体与喻体一般由名词构成。

示例：她飘过，像梦一般的，像梦一般的凄婉迷茫。（戴望舒《雨巷》）

比拟除了本体是名词外，拟体不直接出现，而主要是通过形容词或动词来实现。

示例：辽宁舰劈波斩浪向预定海域驶去。（黄传会《国家的儿子》）

（三）对偶

1. 概念：对偶是用字数相等，结构形式相同，意义对称的一对短语或句子来表达两个相对或相近意思的修辞手法。

2. 构成：成分对偶、句子对偶。

3. 作用：便于吟诵，易于记忆；用于诗词，有音乐美；表意凝练，抒情酣畅。

4. 类型：正对、反对、串对。

种类	含义	示例
正对	上下句意思上相似、相近、相补、相衬的对偶形式	羁鸟恋旧林，池鱼思故渊。（陶渊明《归园田居（其一）》
反对	上下句意思上相反或相对的对偶形式	闲静时如娇花照水，行动处似弱柳扶风。（曹雪芹《林黛玉进贾府》）
串对	上下句意思上具有承接、递进、因果假设、条件等关系的对偶形式	欲穷千里目，更上一层楼。（王之涣《登鹳雀楼》）

（四）排比

1. 概念：排比是把结构相同或相似、意思密切相关、语气一致的词语或句子成串地排列的修辞手法。它利用意义相关或相近，结构相同或相似和语气相同的词组（主、谓、动、宾）或句子并排（三句或三句以上）、段落并排（两段即可），达到一种加强语势的效果。

2. 作用：用来说理，条理分明；用来抒情，节奏和谐，显得感情洋溢、气势更为强烈；用来叙事写景，能使层次清楚、描写细腻、形象生动。

3. 类型：短语排比、句子排比、段落排比。

种类	含义	示例
短语排比	主要由三个或三个以上结构相同或相似、内容相关、意义相近、语气一致的短语构成	1840年鸦片战争以后，中国逐步成为半殖民地半封建社会，国家蒙辱、人民蒙难、文明蒙尘，中华民族遭受了前所未有的劫难。（习近平《在庆祝中国共产党成立100周年大会上的讲话》）
句子排比	将三个或三个以上结构相同或相似、内容相关的句子排列起来，以增强语言的气势和表达效果	长征是历史纪录上的第一次，长征是宣言书，长征是宣传队，长征是播种机。（杨成武《长征胜利万岁》）
段落排比	由两个或两个以上结构相同或相近的段落组合成篇的结构方法，这些段落之间的关系是并排的，每个段落内容地位平等、互不包含	蒹葭苍苍，白露为霜。所谓伊人，在水一方。 溯洄从之，道阻且长。溯游从之，宛在水中央。 蒹葭萋萋，白露未晞。所谓伊人，在水之湄。 溯洄从之，道阻且跻。溯游从之，宛在水中坻。 蒹葭采采，白露未已。所谓伊人，在水之涘。 溯洄从之，道阻且右。溯游从之，宛在水中沚。（《诗经·蒹葭》）

4. 排比与对偶的区别：对偶由两句构成，两句字数相等，意义相关，相应的词的词性相同。排比则是用三个或三个以上结构相同或相似，语气一致的词组或句子排列在一起来表达相关的内容。

（五）夸张

1. 概念：夸张是为了达到某种表达效果的需要，对事物的形象、特征、作用、程度等方面着意夸大或缩小的修辞手法。

2. 作用：用言过其实的方法，突出事物的本质，或加强作者的某种感情，强调语气，烘托气氛，引起读者的联想与强烈共鸣。

3. 类型：扩大夸张、缩小夸张、超前夸张。

种类	含义	示例
扩大夸张	故意把客观事物说得"大、多、高、强、深……"的夸张形式	误落尘网中，一去三十年。（陶潜《归园田居（其一）》）
缩小夸张	故意把客观事物说得"小、少、低、弱、浅……"的夸张形式	五岭逶迤腾细浪，乌蒙磅礴走泥丸。（毛泽东《七律·长征》）
超前夸张	在时间上把后出现的事物提前一步的夸张形式	愁肠已断无由醉，酒未到，先成泪。（范仲淹《御街行·秋日怀旧》）

（六）设问

1. 概念：设问是为了强调某部分内容，故意先提出问题，明知故问，自问自答或问而不答的修辞手法。

2. 作用：能引人注意，启发思考；使文章层次分明，结构紧凑；可以更好地描写人物的思想活动；突出某些内容，使文章波澜起伏，富有变化。

3. 类型：自问自答、问而不答。

种类	含义	示例
自问自答	通过提出问题并立即给出答案的方式，强调某个观点或引起读者的注意	那么，怎么办呢？我想，首先是不管三七二十一，"拿来"！（鲁迅《拿来主义》）
问而不答	在对话或提问中，一方选择不直接回答对方的问题	问苍茫大地，谁主沉浮？（毛泽东《沁园春·长沙》）

（七）反问

1. 概念：反问也叫"反诘"，是用疑问的形式来表达确定的意思的修辞手法。反问也是一种"无疑而问"的修辞手法，其特征是答案明确，内容与形式相反。

2. 作用：加强语气，发人深思，激发读者的感情，加深读者的印象,增强文章的气势和说服力,为文章奠定一种激昂的感情基调。

3. 类型:问而无答的反问、问而有答的反问。

种类	含义	示例
问而无答的反问	通过提出问题的方式表达确定的意思,但实际上并不提供直接的回答	用肯定句表否定的内容:还有比这更令他欣慰的事吗?(沈英甲《喜看稻菽千重浪——记首届国家最高科学技术奖获得者袁隆平》)
		用否定句表肯定的内容:你的第二个孩子你不是已经抱走了吗?(曹禺《雷雨》)
问而有答的反问	在提出问题后,紧接着给出答案(这种反问并不是真正寻求答案,而是通过提问和回答的方式来强调某种观点或情感)	岂曰无衣?与子同袍。岂曰无衣?与子同泽。岂曰无衣?与子同裳。(《诗经·无衣》)

4. 反问与设问的区别:反问主要是加强语气,用确定的语气表明作者自己的思想。设问主要是提出问题,引起注意,启发思考。

(八)借代

1. 概念:借代是不直接把所要说的事物名称说出来,而用跟它有关系的另一种事物的名称来称呼它的修辞手法。

2. 作用:引人联想,形象突出,特点鲜明,文笔精练,具体生动;以简代繁,以实代虚,以奇代凡,以事代情。

3. 类型:部分代整体,特征代本体,具体代抽象,工具代本体,专名代泛称,结果代原因,形象代本体。

种类	含义	示例
部分代整体	用事物具有代表性的部分代本体事物	钟鼓馔玉不足贵。(李白《将进酒》)(句中用"钟鼓馔玉"代"富贵豪华的生活"。)

续表

种类	含义	示例
特征代本体	用借体（人或事物）的特征、标志去代替本体事物的名称	"北京话"双手抱住胳膊肘，和她们站得不远不近地说。（铁凝《哦，香雪》）
具体代抽象	用具体的事物代替与该事物有关联的抽象物	南国烽烟正十年。（《梅岭三章》）（"烽烟"，原是古代边境用以报警的烟火，这里代指战争，把战争这个抽象的概念具体化、形象化了。）
工具代本体	在文学创作中，使用与主体有关的工具来代替该主体	等到惊蛰一犁土的季节，十家已有八户亮了囤底，揭不开锅。（《榆钱饭》）（"囤"是装粮食的工具，用"亮了囤底"代指缺了粮；"锅"是做饭的工具，用"揭不开锅"代指没饭吃。）
专名代泛称	用具有典型性的人或事物的专用名称代替本体事物的名称	你们杀死一个李公朴，会有千百万个李公朴站起来！（《最后一次讲演》）（第二个"李公朴"代指不怕流血牺牲、为争取民主和平而战斗的人们。）
结果代原因	用事物的结果或表现来代表其产生的原因或本质	令人捧腹。（捧腹是捧着肚子，捧腹的原因是出现笑话或令人发笑的东西。以"捧腹"的结果代指"笑话"等令人发笑的原因。）
形象代本体	用具体的事物或形象来代替抽象的事物或概念	上面坐着两个老爷，东边的一个是马褂，西边的一个是西装。

4. 借代与借喻的区别：

（1）借喻是喻中有代，借代是代而不喻；借喻侧重相似性，借代侧重相关性；借喻可以改为明喻，借代则不能。

（2）借代的本体与借体之间有实在的关系，一般来说，这种关系还是相当密切的；借喻的本体与喻体是本质不同的事物，人们不过根据它们之间具有的相似点，通过联想把它们联系起来。

三、其他修辞手法

（一）反语

1. 概念：反语是指正话反说或反话正说，又称"倒反""反说""反辞"等，即通常所说的"说反话"，运用跟本意相反的词语来表达此意，却含有否定、讽刺以及嘲弄的意思。

2. 作用：语气更为强烈，情感更为充沛，给人的印象也更加鲜明。

3. 示例：总之，活人替代了古董，我敢说，也可以算得显出一点进步了。（鲁迅《拿来主义》）（"进步"讽刺"送去主义"之风愈演愈烈，日益猖獗，大有执迷不悟、愈陷愈深之势；"算得"一词体现了作者的情感态度，表明"活人替代了古董"，不是学术进步，文化昌明，而是学术退步，文化堕落，作者对此是不屑不齿的。）

（二）反复

1. 概念：反复是根据表达需要，有意让句子或词语重读出现的修辞手法。反复就是为了强调某种意思，突出某种情感，特意重复使用某些词语、句子或者段落等。

2. 作用：强调增强语气，起到反复咏叹、表达强烈情感的作用；可以使诗文的格式整齐有序，而又回环起伏，充满语言美。

3. 示例：彷徨在悠长、悠长又寂寥的雨巷。（戴望舒《雨巷》）（读起来很有旋律，形成反复咏叹的效果，同时也给人一种感觉，似乎雨巷就是很长很长，喻示着一种饱含着美的渴求，也喻示着无望的、长长的徘徊。）

（三）通感

1. 概念：通感又叫"移觉"，是在描述客观事物时，用形象的语言使感觉转移，让人的视觉、嗅觉、味觉、触觉、听觉等不同感觉互相沟通、交错，彼此挪移转换，将本来表示甲感觉的词语移用来表示乙感觉，使意象更为活泼、新奇的一种修辞手法。

2. 作用：可以使读者各种感官共同参与对审美对象的感悟，克服审美对象知觉感官的局限，从而使文章产生的美感更加丰富和强烈。

3. 示例：微风过处，送来缕缕清香，仿佛远处高楼上渺茫的歌声似的。（朱自清《荷塘月色》）[用"远处高楼上渺茫的歌声"（听觉）来描绘花香（嗅觉），突出表现了荷花香的淡、隐隐约约、似有还无的特点，形象生动。]

（四）顶真

1. 概念：顶真，亦称"顶针""联珠""蝉联"，是指上句的结尾与下句的开头使用相同的字或词，用以修饰两句子的声韵的修辞手法。需要注意的是，使用这个方式时，无须限制上下句的字数或平仄，但上下句交接点一定要使用相同的字或词。

2. 作用：使句子结构整齐，语气贯通；突出事物之间环环相扣的有机联系。

3. 示例：一见面是寒暄，寒暄之后说我"胖了"，说我"胖了"之后即大骂其新党。（鲁迅《祝福》）

（五）对比

1. 概念：对比，也叫"对照"，是把两个相反、相对的事物或同一事物相反、相对的两个方面放在一起，用比较的方法加以描述或说明的修辞手法。

2. 作用：能把好同坏、善同恶、美同丑这样的对立揭示出来，给人以深刻的印象和启示。

3. 示例：闲静时如娇花照水，行动处似弱柳扶风。（曹雪芹《林黛玉进贾府》）

（六）引用

1. 概念：引用是指在说话或写作中引用现成的话，如诗句、格言、成语等，以表达自己思想感情的修辞手法。

2. 类型：明引、暗引。

明引指直接引用原文，并加上引号，或者是只引用原文大意，不加引号，但是都注明原文的出处。暗引指不说明引文出处，而将其编织在自己的话语中，或引用原句，或只引大意。

3. 作用：既可使文章言简意赅，有助于说理抒情，又可增添文采，增强表现力。

4. 示例：孔子曰：三人行，则必有我师。是故弟子不必不如师，师不必贤于弟子。(韩愈《师说》)

(七) 双关

1. 概念：在一定的语言环境中，利用词的多义和同音的条件，有意使语句具有双重意义，言在此而意在彼，这种修辞手法叫作双关。

2. 作用：可使语言表达得含蓄、幽默，而且能加深语意，给人以深刻印象。

3. 示例：久在樊笼里，复得返自然。(陶潜《归园田居(其一)》)(自然，一是指清新可人的大自然，二是指自然而然的生存方式。)

(八) 讳饰

1. 概念：说话时遇到有犯忌的事物，不直说这种事物，而用别的话来回避掩盖或装饰美化，这种修辞手法叫作讳饰，又叫"避讳"。

2. 作用：可以帮助说明具体情景，起到增强表达各种思想情感的作用。

3. 示例：3月14日下午两点三刻，当代最伟大的思想家停止思想了。让他一个人留在房里还不到两分钟，当我们进去的时候，便发现他在安乐椅上安静地睡着了——但已经永远地睡着了。(恩格斯《在马克思墓前的讲话》)

(九)互文

1. 概念:互文,也叫互辞,是古诗文中常采用的一种修辞手法。上下两句或一句话中的两个部分,看似各说两件事,实则互相呼应,互相阐发,互相补充,说的是一件事。

2. 作用:能收到笔墨经济,以少胜多,表意委婉,耐人寻味的艺术效果。

3. 示例:诵明月之诗,歌窈窕之章。(苏轼《赤壁赋》)(这句意为朗诵"明月"诗里"窈窕"这一章。)

(十)仿词

1. 概念:仿词是根据表达的需要,更换现成词语的某个语素或词,临时仿造出新的词语,改变原来特定的词义,创造出新意的修辞手法。

2. 作用:使语言表达幽默、诙谐,或具有讽刺的色彩。

3. 示例:仅凿斗大一池,植数茎以塞责,又时病其漏,望天乞水以救之,殆所谓不善养生而草菅其命者哉。(李渔《芙蕖》)(这里的"草菅其命"是仿成语"草菅人命"而成。作者把芙蕖的生命看得像野草一样,随意处置,语言幽默风趣,启人深思,耐人寻味。)

我来试一试

为了能在下周三"冰心杯"作文大赛中获得佳绩,郭老师和小月利用课余时间进行修辞指导训练,小月乐在其中。以下是小月的训练题目,请你来试一试吧!

1. 对下列各句使用的修辞手法判断不正确的一项是 (　　)

A. 想当年,金戈铁马。(借代)

B. 微风过处,送来缕缕清香,仿佛远处高楼上渺茫的歌声似的。(比喻)

C. 看吧,当敌人挑衅时,甘蔗林将叫他们投降。(拟人)

D. 能够只是送出去，也不算坏事情，一者见得丰富，二者见得大度。（反语）

2. 对下列各句使用的修辞手法判断不正确的一项是（　　）

A. 他对这一切毫不在意，把它们当作蛛丝一样轻轻拂去，只是在万不得已时才给以回敬。（双关）

B. "北京话"陷在姑娘们的包围圈里，不知所措地嘟囔着。（借代）

C. 它和它的十几户乡亲，一心一意掩藏在大山那深深的皱褶里。（拟人）

D. 面若中秋之月，色如春晓之花。（对偶）

3. 对下列各句使用的修辞手法判断不正确的一项是（　　）

A. 指点江山，激扬文字。（借代）

B. 他们的爽朗的笑声，落到水上，使得河水也似在笑。（拟人）

C. 3月14日下午两点三刻，当代最伟大的思想家停止思想了。（比喻）

D. 我在这里也并不想对于"送去"再说什么，否则太不"摩登"了。（反语）

4. 对下列各句使用的修辞手法判断不正确的一项是（　　）

A. 简短的几句话，像刀刻的一样刻在每一个同志的心上。（拟人）

B. 为什么一定要写得那么长，又那么空空洞洞的呢？只有一种解释，就是下决心不要群众看。（设问）

C. 山不厌高，海不厌深。（对偶）

D. 他到贫下中农的草屋里，到饲养棚里，到田边地头，去了解情况，观察灾情去了。（排比）

5. 对下列各句使用的修辞手法判断不正确的一项是（　　）

A. 然而在现世，则无聊生者不生，即使厌见者不见，为人为己，也还都不错。（反语）

B. 她脸色苍白,一动不动地躺着,好似倒地的塑像。(比喻)

C. 我们有些同志欢喜写长文章,但是没有什么内容,真是"懒婆娘的裹脚,又长又臭"。(引用)

D. 整幅手卷就是无数匹马的重复,就是一首乐曲,用"骑"和"马"分成几个"主题"和"变奏"的"乐章"。(借代)

参考答案:
【我来测一测】
1. ×　借代　2. ×　通感　3. ✓

第八章 句式

我来测一测

小宇是烹饪专业的学生,他的梦想是开一家具有地方文化特色的传统糕点连锁店,但他的语文基础较薄弱,所以开学初,他主动报名了"趣语文"社团,半学期,他就学到了好多有趣的语文知识。以下是他对句式的相关判断,请你判断是否正确(正确的画"√",错误的画"×")。(每题2分,共6分)

1. "他的英名和事业将永垂不朽!"是感叹句。   (   )
2. "人世间有这样永远倾泻不尽的激情么?"是祈使句。
                                                  (   )
3. "我们要或使用,或存放,或毁灭。"是长句。   (   )

我的得分为_____分

我来看一看

一、什么是句式
句式通常指句子的结构形式。

二、常见的句式类型
(一)长句和短句

1. 概念:长句是指用词较多,结构较复杂的句子。它的修饰语(定语、状语)多,并列成分多,或者某一成分结构比较复杂。短句指的是短小精悍、节奏短促、生动明快、活泼有力、节奏性强的句子。

2. 作用：长句表意严密，内容丰富，精确细致，宜于表达较为复杂的思想内容。短句能简明扼要地叙述事实，简洁生动地表现人物，反映事物的迅速变化，表现作者激越的情绪或果断肯定的语气。

3. 示例：

① 我这回在鲁镇所见的人们中，改变之大，可以说无过于她的了：五年前的花白的头发，即今已经全白，全不像四十上下的人；脸上瘦削不堪，黄中带黑，而且消尽了先前悲哀的神色，仿佛是木刻似的；只有那眼珠间或一轮，还可以表示她是一个活物。（鲁迅《祝福》）（长句）

② 她们轻轻划着船，船两边的水，哗，哗，哗。（孙犁《荷花淀》）（短句）

(二) 整句和散句

1. 概念：形式整齐匀称，结构相同或相似的叫整句。形式不同，长短不一的叫散句。

2. 作用：整句读来节奏鲜明、音调和谐、易于上口、语势强烈、充满激情。散句比较灵活，穿插其中又使句式富于变化，错落有致。

3. 示例：

① 笑那滔滔洪水乖乖地归了河道，笑那连茅草都不长的老碱窝开始出现了碧绿的庄稼，笑那多少世纪以来一直压在人们头上的大自然的暴君。（穆青、冯健、周原《县委书记的榜样——焦裕禄》）（整句）

② 路的一旁，是些杨柳，和一些不知道名字的树。（朱自清《荷塘月色》）（散句）

(三) 陈述句、疑问句、祈使句、感叹句

1. 概念：陈述句是用来陈述一个事实或者说话人的看法的句

子，用平调，在句末一般用句号。疑问句是用来提出一个问题的句子，句尾语气用升调，并常常带有疑问词"吗、呢、么、呀"等，句末用问号。祈使句是用于表达命令、请求、劝告、希望、警告、禁止等意思的句子，句子中通常不用主语，句末用感叹号或者句号。感叹句是用来抒发强烈感情的句子，表示快乐、惊讶、悲哀、厌恶、恐惧、愤怒等浓厚的感情，一般用降调，句末用感叹号。

2. 示例：

① 路上只我一个人，背着手踱着。（朱自清《荷塘月色》）（陈述句）

② 怎么会没有借到呢？（茹志鹃《百合花》）（疑问句）

③ 让那些内外反动派在我们面前发抖罢。（毛泽东《中国人民站起来了》）（祈使句）

④ 谁比谁落后多少呢！（孙犁《荷花淀》）（感叹句）

（四）肯定句和否定句

1. 概念：对事物做出肯定判断的句子叫肯定句。对事物做出否定判断的句子叫否定句。要注意反问句是一重否定。

2. 示例：

① 音乐就是一种时间持续的艺术创作。（梁思成《千篇一律与千变万化》）（肯定句）

② 甚至说"黑"与"白"都不是色彩。（吴冠中《画里阴晴》）（否定句）

（五）主动句和被动句

1. 概念：主动句是指该句主语是谓语所表示的动作行为的发出者的句子。被动句是指该句主语是谓语所表示的动作行为的承受者的句子。

2. 作用：被动句相对于主动句特有的效果就是强调，它能使内容表达更准确。

3. 示例：

① 沿着湿漉漉的林间小道，我一步一步走近诺日朗。（赵丽宏《晨昏诺日朗》）（主动句）

② 那块高贵的朝圣之地坐落在偏僻、孤寂之处，被一片树林环抱。（茨威格《世间最感人的坟墓》）（被动句）

（六）常式句和变式句

1. 概念：从一般汉语的句式看，通常的语序是主—谓，动—宾，装饰语—中心语，偏句—正句，这些统称为常式句，是指句子成分按一般次序排成的句子。变式句是指句子成分打破一般次序，排列次序较特殊的句子。常见的变式句有两类：一类是单句成分次序排列特殊的句子，如主谓倒装句、定语后置句、状语后置句、宾语前置句等；一类是复句中分句次序排列特殊的句子，如因果倒置句、转折倒置句、条件倒置句、假设倒置句等。

2. 作用：变式句能保留常式句的基本句义，因此，两者是一对同义句式。与此同时，变式句又能在保留常式句基本句义基础上，通过语序的变化，衍生出一些常式句所没有的语义，因此就具有了修辞的功能。这个功能就是当人们在一定的语体、语境、情境中需要突出、强调句子某一个句法成分时，就可以在汉语句法运作机制的基础上，将这个句法成分调离原来的位置，同时按照汉语的句法规则，将之置于可以出现的位置上，从而达到突出、强调这个句法成分所负载的语义的目的。

3. 示例：

① 她一手提着竹篮，内中一个破碗，空的；一手拄着一支比她更长的竹竿，下端开了裂：她分明已经纯乎是一个乞丐了。（变式句）

② 她一手提着竹篮，内中一个空的破碗；一手拄着一支比她更长的下端开了裂的竹竿：她分明已经纯乎是一个乞丐了。（常式句）

我来试一试

小宇在"趣语文"社团中经过半个学期的学习,语文基础越来越扎实,自信心也越来越强。下面是他的自测题,你也来试一试吧!

1. 对下列各句使用的句式判断不正确的一项是 （ ）
   A. 因为马克思首先是一个革命家。(肯定句)
   B. 台儿沟有人要出远门吗?(祈使句)
   C. 没有十字架,没有墓碑,没有铭文。(整句)
   D. 那块高贵的朝圣之地坐落在偏僻、孤寂之处,被一片树林环抱。(被动句)

2. 对下列各句使用的句式判断正确的一项是 （ ）
   A. 最终,钟扬带着学生在海拔6000多米的珠峰北坡,采集到了被认为是世界上生长在海拔最高处的种子植物——鼠曲雪兔子。(被动句)
   B. 他们没睡觉,讲起各种各样的事。(变式句)
   C. 然而她总如此,全不见有怜悧起来的希望。(疑问句)
   D. 哼,你们的手段,我都明白。(整句)

参考答案:

【我来测一测】

1. √   2. × 疑问句   3. × 短句

第九章 表达方式

我来测一测

小玲和小言是好朋友,她们一起来到振华中专读职教高考班。小言担任语文课代表,但专业课学得不扎实;小玲专业课成绩出类拔萃,语文成绩却不太理想,尤其对"表达方式"一窍不通,她很是苦恼。小言见状,主动给小玲讲解"表达方式"。以下是小玲做出的判断,请你判断是否正确(正确的画"√",错误的画"×")。(每题2分,共6分)

1. "他的英名和事业将永垂不朽!"是抒情。 (　　)
2. "眼帘中的这种景象幽谧宁静,像一幅辉煌的油画。"是描写。 (　　)
3. "所以我们要运用脑髓,放出眼光,自己来拿!"是说明。
(　　)

我的得分为_____分

我来看一看

一、什么是表达方式

表达方式主要是指文章的写作方法,以及这种方法所表现出来的语言形式特点。就文章的写作方法而言,主要有记叙、说明、议论、描写、抒情五种表达方式。

二、五种表达方式

（一）记叙

1. 概念：记叙是写作中最基本、最常见的一种表达方式，它是作者对人物的经历和事件的发展变化过程以及场景、空间的转换所做的叙说和交代。

2. 作用：介绍人物的经历、事迹，交代人物的关系；交代事物发生的时间、地点及其发展过程；概括事实事例，为文章的议论提供依据；联系故事情节，过渡、转换上下文的意思。

3. 记叙的方法有四种：顺叙、倒叙、插叙、补叙。

（1）顺叙也称正叙，是叙述的手法之一。顺叙就是按照事件发生、发展的时间先后顺序来进行叙述的方法。作用：使叙述的事件由头到尾，次序井然，文气自然贯通，文章显得条理清楚。

（2）倒叙是根据表达的需要，把事件的结局或某个最重要、最突出的片段置于文章的前部，然后再从事件的开头按事情原来的发展顺序进行叙述的方法。作用：能增强文章的生动性，使文章产生悬念，更能引人入胜，同时也可以避免叙述的平铺直叙和结构的单调。

（3）插叙是在叙述中心事件的过程中，为了帮助展开情节或刻画人物，暂时中断叙述的线索，插入一段与主要情节相关的内容的叙述方法。作用：对主要情节或中心事件做必要的铺垫、照应、补充，使情节更完整，结构更严密，内容更充实，还可以衬托中心人物，丰富情节，深化文章主题。

（4）补叙是在叙事之后再补充叙述事件的结果等内容的叙述方法。补叙只对情节中的人物、事件做必要的补充说明。插叙写的是相关的两件事，而倒叙和补叙都是写的同一件事。

4. 示例：回到包扎所以后，我就让他回团部去。他精神顿时活泼起来了，向我敬了礼就跑了。（茹志鹃《百合花》）（顺叙）

(二) 说明

1. 概念：说明是用简明扼要的文字，把事物的形状、性质、特征、成因、关系、功用等解说清楚的表达方式。这种被解说的对象，有的是实体的事物，如山川、江河、花草、树木、建筑、器物等；有的是抽象的道理，如思想、意识、修养、观点、概念、原理、技术等。

2. 作用：在议论文中用它交代论据；在记叙文中用它起注释作用；在新闻中用它介绍背景材料，加强内容表达效果；在科学报告或教科书中用它表述科学知识或事物。

3. 示例：一个圆盘子是一张红铜片打成的，把红铜片放在铁砧上尽打尽打，盘底就洼了下去。(叶圣陶《景泰蓝的制作》)

(三) 议论

1. 概念：议论就是作者对某个议论对象发表见解，以表明自己的观点和态度。它的作用在于使文章鲜明、深刻，具有较强的哲理性和理论深度。在议论文中，议论是主要表达方式；在一般记叙文、说明文或其他文学作品中，议论也常被当作辅助表达手段。

2. 作用：增强文章表达效果，使得文章主题鲜明；明确文章主题，揭示蕴含的思想意义；贯通文脉，使篇章结构更加紧凑。

3. 示例：我们既要百花齐放，丰富多彩，又要避免杂乱无章，相互减色；既要和谐统一，全局完整，又要避免千篇一律，单调枯燥。(梁思成《千篇一律与千变万化》)

(四) 描写

1. 概念：描写是把描写对象的状貌、情态描绘出来，再现给读者的一种表达方式。它是文学创作，特别是记叙文中的主要表达方式之一。在抒情文、议论文、说明文中，有时也把它作为一种辅助表达手段。

2. 作用：人物描写，形象生动地刻画了形象，表现了人物的性格；环境描写，推动了情节的发展，借景抒情，寓情于景，烘托气氛,衬托了人物的性格;心理描写,细致地表现了人物的思想变化。

3. 示例:袁隆平眯起双眼,出神地打量着这片几百亩试验田,然后跨过水渠,迈步走进田间。(沈英甲《喜看稻菽千重浪——记首届国家最高科学技术奖获得者袁隆平》)

(五)抒情

1. 概念:抒情就是抒发和表现作者的感情。它是抒情文体中的主要表达方式,在一般的文学作品如记叙文中,也常常把它作为重要的辅助表达手段。

2. 作用:直抒胸臆,抒发情感,表达观点。以情动人,增强文章感染力;开拓意境,表现和深化主题思想;渲染气氛,显示行文格调,贯通文章意脉。

3. 示例:一个民族迎来了飞天梦圆的辉煌时刻!(贾永、曹智、白瑞雪《飞向太空的航程》)

我来试一试

小玲的语文成绩逐渐提高。好朋友小言亲自为她设计了以下5道关于"表达方式"的选择题。请你也来试一试吧!

1. 对下列各句运用的表达方式判断不正确的一项是( )

A. 在第一阶段,我收集了2000余个方药。(说明)

B. 自然是伟大的,人类是伟大的,然而充满了崇高精神的人类的活动,乃是伟大中之尤其伟大者!(议论)

C. 树缝里也漏着一两点路灯光,没精打采的,是渴睡人的眼。(描写)

D. 所以我们要运用脑髓,放出眼光,自己来拿!(记叙)

2. 对下列各句运用的表达方式判断不正确的一项是( )

A. 一天早晨,那位忙碌的医生皱起灰白的粗眉毛,把休请到了过道里。(记叙)

B. 秋日的寒气摧落了藤叶，剩下几乎光光的残枝，还紧贴着风化了的砖块。（抒情）

C. 所谓平整，一是铜丝跟涂上的色料一样高低，二是色料本身也不许有一点儿高高洼洼。（说明）

D. 要使革命精神获得发展，必须抛弃党八股，采取生动活泼新鲜有力的马克思列宁主义的文风。（议论）

3. 对下列句子运用的表达方式判断不正确的一项是（　　）

A. 用果树学的术语来说，荔枝壳表面有细小的块状裂片，好像龟甲，特称龟裂片。（说明）

B. 但他执拗地低着头，像钉在地上似的，不肯挪步。（描写）

C. 白天里一定要做的事，一定要说的话，现在都可不理。这是独处的妙处，我且受用这无边的荷香月色好了。（记叙）

D. 这种全国人民大团结之所以能够成功，是因为我们战胜了美国帝国主义所援助的国民党反动政府。（议论）

4. 对下列各句使用的表达方式判断不正确的一项是（　　）

A. 党八股里面藏的是主观主义、宗派主义的毒物，这个毒物传播出去，是要害党害国的。（说明）

B. 一个二尺半高的花瓶，掐丝就要花四五十个工。（说明）

C. 她又想到了明天，明天上学时，她多么盼望她们会再三盘问她啊！（抒情）

D. 一天下午，我们去参观北京市手工业公司实验工厂。（记叙）

5. 对下列各句使用的表达方式判断正确的一项是（　　）

A. 第二步工作叫掐丝，就是拿扁铜丝（横断面是长方形的）粘在铜胎表面上。（说明）

B. 他们简直是在刺绣，不过是绣在铜胎上而不是绣在缎子上，用的是铜丝而不是丝线、绒线。（抒情）

C. 天黑了，天边涌起一轮满月。（议论）

D. 然而首先要这人沉着，勇猛，有辨别，不自私。（记叙）

参考答案：

【我来测一测】

1. √   2. √   3. ×   议论

第十章 表现手法

我来测一测

班级要组织一次以"表现手法,你好"为主题的活动。作为活动策划者,你需要完成下面的任务。第一个栏目是"我是宣传者",请判断以下句子的说法是否正确(正确的画"√",错误的画"×")。(每题2分,共6分)

1. "执手相看泪眼,竟无语凝噎。"是对比。 (　　)
2. "又是那样的寂静,似乎只有热空气在作哄哄的火响。"是白描。 (　　)
3. "狗吠深巷中,鸡鸣桑树颠。"是以动衬静。 (　　)

我的得分为_____分

我来看一看

一、什么是表现手法

表现手法又称写作方法,是指在文学创作中为了**塑造形象、反映生活**所运用的各种具体方法和技巧。

二、常见的表现手法

(一)对比

1. 概念:对比是指把两种不同的事物或情形做对照,互相比较。
2. 作用:突显对象的特点,使形象更加鲜明。

3. 示例：闲静时如娇花照水，行动处似弱柳扶风。（曹雪芹《林黛玉进贾府》）

（二）衬托

1. 概念：衬托即以乙托甲，使甲的特点或特质更加突出。有正衬和反衬两种。

2. 作用：突出本体的某个特征。

3. 示例：

① 桃花潭水深千尺，不及汪伦送我情。（李白《赠汪伦》）（正衬，以桃花潭的水深衬托出跟汪伦的友情更加深厚。）

② 这时候最热闹的，要数树上的蝉声与水里的蛙声；但热闹是它们的，我什么也没有。（朱自清《荷塘月色》）（这里用蝉声、蛙声的噪来反衬环境的寂静。）

（三）正面描写与侧面描写

1. 概念：对对象进行正面的直接的描写是正面描写；描写对象周围的事物，使对象更鲜明、突出的是侧面描写。

2. 作用：正面描写与侧面描写方法结合运用，可以使被描写的人物或景物的特点更加鲜明、突出。

3. 示例：

① 琼希躺着，脸朝窗子，被单下几乎没有动静。（欧·亨利《最后一片叶子》）（正面描写）

② 小乔初嫁了。（苏轼《念奴娇·赤壁怀古》）（侧面描写）

（四）虚实结合

1. 概念：虚实结合指现实的景、事与想象的景、事互相映衬，以实衬虚，以虚衬实，交织在一起表达同样的情感。

2. 作用：鲜明地刻画人物的性格，凸现事物、景物的特点，突出主旨。

3. 示例：雕栏玉砌应犹在，只是朱颜改。（李煜《虞美人》）

（五）动静结合

1. 概念：动静结合是指对事物、景物做动态、静态的描写，使两者相互映衬，构成一种情趣。

2. 作用：以静衬动，突出事物的动态（热闹、灵活、敏捷等）特征。以动衬静，突出环境静谧、安静、寂静的特点。

3. 示例：狗吠深巷中，鸡鸣桑树颠。（陶渊明《归园田居（其一）》）

（六）象征

1. 概念：象征是指通过特定的、容易引起联想的具体形象，表现与之相似或相近特点的概念、思想和感情。

2. 作用：把抽象的事理表现为具体的可感知的形象，使文章更含蓄些，运用眼前之物，寄托深远之意，耐人寻味。

3. 示例：南方的甘蔗林哪，你为什么这样翻动战士的衷肠？因为我们的青纱帐呀，埋伏着千百万雄兵勇将！（郭小川《青纱帐——甘蔗林》）

（七）抑扬

1. 概念：抑扬是指把要贬抑否定的方面和要肯定的方面同时说出来，只突出强调其中一个方面，以抑此扬彼或抑彼扬此。有先扬后抑和先抑后扬之分。

2. 作用：前后对比，形成起伏之势，给读者强烈印象，增强作品的艺术效果。

3. 示例：在罗贯中的《群英会蒋干中计》中，曹军刚输了一阵，挫动锐气；又被周瑜窥营，老谋深算的曹操都束手无策。蒋干却在此时挺身而出："某自幼与周郎同窗交契，愿凭三寸不烂之舌，往江东说此人来降。"曹操大喜，置酒与蒋干送行。此时的蒋干意气洋洋，仿佛成竹在胸、胜券在握，何等风光！可惜一到江东之后，蒋干就被周瑜牵着鼻子转，害得曹操中了反间计，杀掉了水军大将蔡瑁、张允，为赤壁败仗留下了祸根。

（八）照应

1. 概念：照应是指对前面所写的做必要的回答。恰当运用这种方法可以使结构显得紧凑、严谨。

2. 作用：内容前后照应，情节严丝合缝。

3. 示例："因为马克思首先是一个革命家。"与"他作为科学家就是这样。但是这在他身上远不是主要的。"照应。（恩格斯《在马克思墓前的讲话》）

（九）铺垫

1. 概念：铺垫是指为主要情节做准备或酝酿高潮到来之前的一系列非主情节。

2. 作用：显示情节发展的必然性，增强作品的感染力和说服力；制造悬念，引起读者的兴趣和关注。

3. 示例：我真后悔没给他缝上再走。现在，至少他要裸露一晚上的肩膀了。（茹志鹃《百合花》）

三、其他表现手法

（一）联想

1. 概念：联想是指由一事物联系到与之有关的另一事物，或把事物中类似的特点联系起来构成一个典型。

2. 作用：丰富文章内容，使形象更丰满、生动，性格更鲜明突出，情节更生动感人，增添艺术感染力。

3. 示例：我想起许多年前在雁荡山看瀑布时的情景，站在著名的大龙湫瀑布跟前，产生的联想是在看一条巨龙被钉在崖壁上挣扎。（赵丽宏《晨昏诺日朗》）

（二）托物言志

1. 概念：托物言志是指在描摹事物以尽其妙的基础上融入作者的感情，含蓄地寄托作者的主张、哲理，给人留下思考的余地和想象的空间。

2. 示例：出淤泥而不染，濯清涟而不妖。（周敦颐《爱莲说》）

（三）直抒胸臆

1. 概念：直抒胸臆是指直接表达作者面对自然景象等时所产生的情感和富有哲理性的思想。

2. 示例：人生得意须尽欢，莫使金樽空对月。（李白《将进酒》）

（四）借景抒情

1. 概念：借景抒情是指通过景物描写，衬托作者的情感。

2. 示例：无边落木萧萧下，不尽长江滚滚来。（杜甫《登高》）

（五）融情于景

1. 概念：融情于景是指要表达的思想感情正面不着一字，全然寓于眼前的自然景象之中，借自然景物抒发感情。

2. 示例：碧云天，黄叶地。（范仲淹《苏幕遮》）

（六）渲染

1. 概念：渲染是指对环境、景物做多方面的描写形容，以突出事物的特点，营造氛围。

2. 示例：风急天高猿啸哀，渚清沙白鸟飞回。（杜甫《登高》）

（七）用典

1. 概念：用典有用事和引用前人诗句两种。用事是借用历史故事来表达作者的思想感情，包括对现实生活中某些问题的立场和态度、个人的愿望等，属于借古抒怀。

2. 示例：廉颇老矣，尚能饭否？（辛弃疾《永遇乐·京口北固亭怀古》）

（八）白描

1. 概念：白描是指不用华丽的辞藻，用最简单、最俭省的笔墨勾勒鲜明生动的形象。

2. 示例：梧桐更兼细雨，到黄昏、点点滴滴。（李清照《声声慢》）

（九）开门见山

1. 概念：开门见山是指文章开头直入正题，不拐弯抹角。

2. 示例：一天下午，我们去参观北京市手工业公司实验工厂，粗略地看了景泰蓝的制作过程。景泰蓝是多数人喜爱的手工艺品，现在把它的制作过程说一说。（叶圣陶《景泰蓝的制作》）

（十）点面结合

1. 概念：叙写事件全过程是面，抓住某个特殊情节或细节是点，点面结合既能反映出事物的全貌，又能突出重点，表达事件的普遍意义和特殊意义。

2. 示例：曲曲折折的荷塘上面，弥望的是田田的叶子。叶子出水很高，像亭亭的舞女的裙。层层的叶子中间，零星地点缀着些白花，有袅娜地开着的，有羞涩地打着朵儿的；正如一粒粒的明珠，又如碧天里的星星，又如刚出浴的美人。微风过处，送来缕缕清香，仿佛远处高楼上渺茫的歌声似的。这时候叶子与花也有一丝的颤动，像闪电般，霎时传过荷塘的那边去了。叶子本是肩并肩密密地挨着，这便宛然有了一道凝碧的波痕。叶子底下是脉脉的流水，遮住了，不能见一些颜色；而叶子却更见风致了。（朱自清《荷塘月色》）（这个是典型的点面结合的例子。先从面上说整个荷塘的风致，然后逐点写荷叶、荷花、荷香、荷波。）

（十一）以小见大

1. 概念：以小见大是指抓住最能体现大主题、看似平凡细小却包含典型意义和生活哲理的细节来叙写，凸显其中所蕴含的深刻意义。

2. 示例：心中想着，忽见丫鬟话未报完，已进来了一位年轻的公子：头上戴着束发嵌宝紫金冠，齐眉勒着二龙抢珠金抹额；穿一件二色金百蝶穿花大红箭袖，束着五彩丝攒花结长穗宫绦，外罩石青起花八团倭缎排穗褂；登着青缎粉底小朝靴。（曹雪芹《林黛玉进贾府》）（作者对贾宝玉的衣饰细节进行浓墨重彩的描写，显示其身份和地位。)

(十二) 设置悬念

1. 概念:设置悬念是指在情节发展中设置某种疑端或矛盾冲突,使人产生关心事物发展或人物命运的心理活动,引人入胜。

2. 示例:鲁迅先生在《祝福》中用到了倒叙的写作手法,小说一开头就给读者设置了一个悬念:祥林嫂是什么人?为什么会落到这个地步?为什么又会在死前提出那样奇怪的问题呢?在一定程度上激发了读者的阅读兴趣和主动性,使读者可以积极地进行探究,从而了解封建社会中国农村的真实面貌,了解封建社会中封建思想对劳动人民的影响和精神上的束缚。

(十三) 伏笔

1. 概念:对作品中将要出现的人物或事件在不大引人注意的地方预先做出暗示或提示,到适合的时机给予呼应,以收到前后连贯、结构严谨的效果。

2. 示例:第二天,他们拿了装项链的盒子,按照盒里面印着的字号,到了那家珠宝店。珠宝商查了查账说:"太太,这串项链不是在我这儿买的,只有盒子是在我这儿配的。"(莫泊桑《项链》)

我来试一试

第二个栏目是"我是行动者"。请选出每一题的正确选项,并做解析。

1. 对下列各句使用的修辞手法或表现手法判断不正确的一项是
( )

A. 撑着油纸伞,独自彷徨在悠长、悠长又寂寥的雨巷。(反复)

B. 狗吠深巷中,鸡鸣桑树颠。(以动衬静)

C. 池上碧苔三四点,叶底黄鹂一两声。(对比)

D. 这个人打扮与众姑娘不同：彩绣辉煌，恍若神妃仙子。头上戴着金丝八宝攒珠髻，绾着朝阳五凤挂珠钗；项上戴着赤金盘螭璎珞圈；裙边系着豆绿宫绦双衡比目玫瑰佩；身上穿着缕金百蝶穿花大红洋缎窄裉袄，外罩五彩刻丝石青银鼠褂；下着翡翠撒花洋绉裙。（以小见大）

2. 对下列各句使用的修辞手法或表现手法判断不正确的一项是
（　　）

A. 哦，我的青春、我的信念、我的梦想……（对比）
B. 芳草无情，更在斜阳外。（借景抒情）
C. 人生得意须尽欢，莫使金樽空对月。（直抒胸臆）
D. 方宅十余亩，草屋八九间。（白描）

参考答案：
【我来测一测】
1. ✕　白描　2. ✕　衬托　3. ✓

第十一章　名句

我来测一测

请根据语境默写出诗句。(每题3分，共6分)

1. 小峰来杭州西湖旅游，在一处游览点看到请游客题字赞颂西湖荷花美景的活动，写得应景有奖品，限十六个字。小峰想起了周邦彦的词《苏幕遮》，于是写下了"＿＿＿＿＿＿＿＿＿＿，＿＿＿＿＿＿＿，＿＿＿＿＿＿＿"这十六个字。

2. 小欣学古诗时了解到，古人常常在饮酒时感叹时光匆匆流逝，李白就常有此感叹。同学小明提醒小欣，其实曹操的《短歌行》中也有表达类似情感的诗句，比如这两句："＿＿＿＿＿＿＿，＿＿＿＿＿＿＿！"

我的得分为＿＿＿＿＿＿分

我来看一看

1. 恰同学少年，风华正茂；书生意气，挥斥方遒。(毛泽东《沁园春·长沙》)

2. 坎坎伐檀兮，寘之河之干兮，河水清且涟猗。(《诗经·伐檀》)

3. 岂曰无衣？与子同袍。(《诗经·无衣》)

4. 人生如梦，一尊还酹江月。(苏轼《念奴娇·赤壁怀古》)

5. 青，取之于蓝，而青于蓝；冰，水为之，而寒于水。(荀况《劝学》)

6. 师者，所以传道受业解惑也。（韩愈《师说》）

7. 爱而不见，搔首踟蹰。（《诗经·静女》）

8. 何以解忧？唯有杜康。（曹操《短歌行》）

9. 春江潮水连海平，海上明月共潮生。（张若虚《春江花月夜》）

10. 战士军前半死生，美人帐下犹歌舞！（高适《燕歌行》）

11. 昆山玉碎凤凰叫，芙蓉泣露香兰笑。（李贺《李凭箜篌引》）

12. 身既死兮神以灵，子魂魄兮为鬼雄。（屈原《国殇》）

13. 舞榭歌台，风流总被，雨打风吹去。（辛弃疾《永遇乐·京口北固亭怀古》）

14. 寻寻觅觅，冷冷清清，凄凄惨惨戚戚。（李清照《声声慢》）

15. 羁鸟恋旧林，池鱼思故渊。（陶潜《归园田居（其一）》）

16. 钟鼓馔玉不足贵，但愿长醉不愿醒。（李白《将进酒》）

17. 无边落木萧萧下，不尽长江滚滚来。（杜甫《登高》）

18. 一骑红尘妃子笑，无人知是荔枝来。（杜牧《过华清宫绝句三首（其一）》）

19. 此情可待成追忆，只是当时已惘然。（李商隐《锦瑟》）

20. 雕栏玉砌应犹在，只是朱颜改。（李煜《虞美人》）

21. 疑怪昨宵春梦好，元是今朝斗草赢。（晏殊《破阵子》）

22. 明月楼高休独倚。酒入愁肠，化作相思泪。（范仲淹《苏幕遮》）

23. 坐地日行八万里，巡天遥看一千河。（毛泽东《七律二首·送瘟神》）

24. 执手相看泪眼，竟无语凝噎。（柳永《雨霖铃》）

25. 千里澄江似练，翠峰如簇。（王安石《桂枝香·金陵怀古》）

26. 叶上初阳干宿雨，水面清圆，一一风荷举。（周邦彦《苏幕遮》）

27. 出师一表真名世，千载谁堪伯仲间！（陆游《书愤》）

28. 念桥边红药，年年知为谁生？（姜夔《扬州慢》）

我来试一试

补写出下列句子中的空缺部分。

1. 小明的爷爷年过花甲，依旧勤于看书，治学不辍，他爱用毛泽东《沁园春·长沙》中的句子鼓励小明要有理想和信念，比如这三句："＿＿＿＿＿＿＿，＿＿＿＿＿＿＿，＿＿＿＿＿＿？"这仰天长问，凝结了毛泽东对中华民族将走向何方的深深思考，抒发了他对中国革命前途的信心、坚定不移的理想信念和自己将投身一场伟大革命的满腔豪情。

2. 班级要进行"谁是《诗经》的最忠实粉丝"背诵大赛，小曦积极准备了很多，其中《伐檀》是一首杰出的现实主义诗歌，生字较多，背诵要花很多功夫，而小曦一口流利的普通话，"坎坎伐轮兮，＿＿＿＿＿＿＿，＿＿＿＿＿＿＿"，当场征服了全班。

3. 前些年疫情防控期间，一方有难，八方支援，感动了无数人民。防疫物资上写的古诗名句更是句句感人肺腑。小明捐献了一批物资给湖北武汉的同学，他用了《诗经·无衣》中的这两句："＿＿＿＿＿＿＿？＿＿＿＿＿＿＿。"

4. 小轩在他创作的历史小说《一路歌》中写道："苏轼月下独步于江边，眼前壮阔的景象使他不禁吟诵起描写赤壁风光的词句：＿＿＿＿＿＿＿，＿＿＿＿＿＿＿，＿＿＿＿＿＿＿。"

5. 小沈的父亲是一位成功人士，他在小沈十八岁成人仪式上对小沈说："孩子，我希望你们这一代人比我们老一辈更强，正如荀子说的'＿＿＿＿＿＿＿，＿＿＿＿＿＿＿'。"

6. 小梁给好友张明明辅导数学。过了半个学期，张明明的数学成绩有了显著的进步，在期末考试中甚至超过了小梁。小梁一点也不气恼，反而笑呵呵地用韩愈的话自嘲道："＿＿＿＿＿＿＿＿，＿＿＿＿＿＿＿＿。"

7. 小静在学习古代爱情诗歌的时候，体会到古人一种朦胧的爱屋及乌的恋爱心理，用《诗经·静女》里的一次"赠送"完全能诠释，比如这两句："＿＿＿＿＿＿＿＿，＿＿＿＿＿＿＿＿。"

8. 小李学古代史的时候，知道孔子非常崇拜周公。周公制礼作乐，确实非常伟大。后代也爱在写诗时用周公的典故，比如曹操的这两句："＿＿＿＿＿＿＿＿，＿＿＿＿＿＿＿＿。"

9. 小东学《念奴娇·赤壁怀古》时，很喜欢"人生如梦，一尊还酹江月"这两句，后面在学到《春江花月夜》时，注意到也带有"人生"与"江月"的两句："＿＿＿＿＿＿＿＿，＿＿＿＿＿＿＿＿。"

10. 小瑶在参观历史博物馆时，看到英雄们留下的文物上那些痕迹，想起往日战斗场景，不禁潸然泪下。高适在《燕歌行》中也说过类似的话，如："＿＿＿＿＿＿＿＿，＿＿＿＿＿＿＿＿。"

11. 小萌在学古代意象的知识点时，发现古人为了描写出音乐的神奇效果，常用"石为之破""天为之惊""雨为之降"等神话意象来表现音乐的无穷魅力。她很自然地想到了李贺的诗句："＿＿＿＿＿＿＿＿，＿＿＿＿＿＿＿＿。"

12. 小胡的朗诵水平高超，一首《国殇》让同学们叹为观止，尤其是"＿＿＿＿＿＿＿＿，＿＿＿＿＿＿＿＿"这两句，他读出了屈原对爱国壮士们的崇敬之情，读出了全诗的悲壮美。

13. 小帆的语文老师说，辛弃疾的《永遇乐·京口北固亭怀古》多处用典，借古讽今。比如"＿＿＿＿＿＿＿＿：＿＿＿＿＿＿＿＿，＿＿＿＿＿＿＿＿？"运用廉颇的典故，直抒胸臆，既体现了词人渴望如廉颇那样报效祖国的热情，又有着英雄迟暮的苍凉感。

14. 小洁参加研究性学习时，被要求给表现诗人李清照悲愁哀伤的插图配文字。有一幅图的主题是"梧桐细雨"，她在点评时用了古人的原句："＿＿＿＿＿＿，＿＿＿＿＿＿、＿＿＿＿＿＿。"

15. 小张的爷爷爱好修篱种菊，莳花弄草。爷爷生日快到了，小张在网上给爷爷订购了一套花盆，想让卖家在上面刻几句陶潜的诗，以表现爷爷天性热爱自然，比如"＿＿＿＿＿＿＿＿＿＿，＿＿＿＿＿＿＿＿＿＿"就挺合适。

16. 小翔在学歌行体时，对于古人的浪漫主义风格很感兴趣。最近班级要出一期关于李白诗歌的思维导图，需要在导图上题写几句话，他觉得与"君不见"有关的话语最合适，于是写了这几句："＿＿＿＿＿＿＿＿＿＿，＿＿＿＿＿＿＿＿＿＿。＿＿＿＿＿＿＿＿＿＿，＿＿＿＿＿＿＿＿＿＿。"

17. 小徐学习杜甫《登高》时感慨万千，此诗格调苍凉悲壮，特别是颈联"＿＿＿＿＿＿＿＿＿＿，＿＿＿＿＿＿＿＿＿＿"，内涵丰富，为人称道。

18. 夏天是吃荔枝的好季节。小赵的奶奶说，古代宫廷想吃荔枝，就要派人兼程飞骑从南方远送至长安或洛阳，给人民造成了许多痛苦，正如杜牧诗歌所写："＿＿＿＿＿＿＿＿＿＿，＿＿＿＿＿＿＿＿＿＿。"

19. 诗歌赏析课上，朱老师使用李商隐《锦瑟》中的"＿＿＿＿＿＿＿＿＿＿，＿＿＿＿＿＿＿＿＿＿"两句话，引导学生使用典故，通过诸多意象组合来创造出迷离恍惚、朦胧瑰丽的境界。

20. 小梦写了一本网络小说，其中的主人公在南唐灭亡之后，整日以泪洗面，正如李煜的词句："＿＿＿＿＿＿＿＿＿＿，＿＿＿＿＿＿＿＿＿＿。"

21. 小晓整理了北宋晏殊的诗词，她发现晏殊的诗词里常用

"燕"这个意象,如"无可奈何花落去,似曾相识燕归来"以及
"_____,_____"。

22. "彼采葛兮,一日不见,如三月兮!彼采萧兮,一日不见,如三秋兮!彼采艾兮!一日不见,如三岁兮!"这是《诗经》中的相思。"红豆生南国,春来发几枝。"这是王维的相思。"_____,_____。"这是范仲淹的相思。

23. 小豪最近很爱看地方台的《红雨浪》节目。父亲告诉他,地方台节目的命名都有讲究。小豪从这个节目名不禁想起毛泽东的诗句:"_____,_____。"

24. 小陆学《雨霖铃》时,发现有句子"_____?_____,_____"和李白的"举杯邀明月,对影成三人"有类似之处,都提到了"月"。只不过李白表现的是旷达洒脱,柳永表达的是凄清冷落。

25. 作文课上,张老师使用王安石《桂枝香·金陵怀古》中的"_____,_____,_____"句子,引导学生运用借古讽今的手法,表现对国家前途命运的深切担忧。

26. 小梅在学习古诗文时,对"轻舟"这个意象很感兴趣。她记得初中时学过李白的"两岸猿声啼不住,轻舟已过万重山"。同桌小敏告诉她,周邦彦的作品中也有相关的表述:"_____,_____。"

27. 小娟临摹了一幅陆游的画像,想在上面题两句诗,却一直没想好。王老师认为不妨直接用古人成句,比如陆游《书愤》中的颈联"_____,_____"就很好。

28. 小林所在的中专组织前往扬州开展社会实践活动。他想起语文老师讲过"_____,_____,_____"写了唐文宗大和七年(833)到九年,杜牧在扬州任淮南节度使掌书记,度过了一段风流时光,因此,杜牧

的名字也和扬州城捆绑在了一起。

参考答案：

【我来测一测】

1. 叶上初阳干宿雨，水面清圆，一一风荷举。
2. 对酒当歌，人生几何！

第二编 文言文阅读

第一章 字音

我来测一测

阅读下面的文字,给加点字注音。(每题2分,共10分)

古诗文,如一泓清泉,流淌在中华民族的文化长河中。诵读古诗文,我们仿佛跨越时空,与古人相遇。周公那求贤若渴的"吐哺"之心令我们感动;周瑜那"羽扇纶巾"的儒将气度让我们折服;辛弃疾那"佛狸祠下,一片神鸦社鼓"的叹息,表达了他对人民安于异族统治的痛心;曹操那"酾酒临江,横槊赋诗"的豪气,展现了他雄视天下的英雄气概……这些诗句镶嵌在古诗文中,让我们的心灵得到净化与升华。

① 吐哺( )

② 纶( )巾

③ 佛( )狸祠

④ 酾( )酒

⑤ 横槊( )

我的得分为_____分

基础知识

(一)《伐檀》

伐檀(tán)　　　　寘(zhì)之　　　　河之干(gān)
涟(lián)　　　　　猗(yī)　　　　　不稼(sè)
三百廛(chán)　　　狩(shòu)　　　　县(xuán)貆(huán)
河之漘(chún)　　　囷(qūn)　　　　鹑(chún)
飧(sūn)

(二)《种树郭橐驼传》

橐(tuó)驼　　　　病偻(lǚ)　　　　实以蕃(fán)
寿且孳(zī)　　　　莳(shì)　　　　　长(zhǎng)人者
勖(xù)尔植　　　　缫(sāo)尔绪　　　飧(sūn)饔(yōng)

(三)《念奴娇·赤壁怀古》

纶(guān)巾　　　　樯(qiáng)橹(lǔ)　　酹(lèi)

(四)《促织》

里胥(xū)　　　　　迂讷(nè)　　　　中(zhòng)于款
爇(ruò)香　　　　　翕(xī)辟　　　　竦(sǒng)立
兰若(rě)　　　　　强(qiǎng)起　　　掭(tiàn)
不啻(chì)　　　　　以塞(sè)官责　　抢(qiāng)呼
向隅(yú)　　　　　藁(gǎo)葬　　　　惙(chuò)然
东曦(xī)　　　　　觇(chān)视　　　　衿(jīn)
与子弟角(jué)　　　鬣(liè)毛　　　　龁(hé)
矜(jīn)鸣　　　　　尺有咫(zhǐ)　　　掇(duō)
俾(bǐ)　　　　　　庠(xiáng)　　　　赉(lài)
蹄躈(qiào)　　　　裘(qiú)马　　　　跬(kuǐ)步
以蠹(dù)贫

（五）《子路、曾晳、冉有、公西华侍坐》

论(lún)语　　　　　曾晳(xī)　　　　　毋(wú)
千乘(shèng)　　　　饥馑(jǐn)　　　　 哂(shěn)之
俟(sì)　小相(xiàng)　铿(kēng)尔　　　 冠(guàn)者
浴乎沂(yí)　　　　　舞雩(yú)　　　　 喟(kuì)然

（六）《寡人之于国也》

好(hào)战　　　　　 曳(yè)兵　　　　 数(cù)罟(gǔ)
洿(wū)池　　　　　　衣(yì)帛　　　　 鸡豚(tún)
狗彘(zhì)　　　　　 畜(xù)　　　　　 庠(xiáng)序
孝悌(tì)　　　　　　颁(bān)白　　　　王(wàng)
饿莩(piǎo)

（七）《劝学》

中(zhòng)绳　　　　 輮(róu)　　　　　槁(gǎo)暴(pù)
就砺(lì)　　　　　　参(cān)省(xǐng)　 须臾(yú)
跂(qǐ)而望　　　　　舟楫(jí)　　　　 生(xìng)非异也
跬(kuǐ)步　　　　　 骐(qí)骥(jì)　　　驽(nú)马
锲(qiè)　　　　　　 金石可镂(lòu)　　 鳌(áo)

（八）《公输》

公输盘(bān)　　　　 郢(yǐng)　　　　 知而不争(zhèng)
见(xiàn)　　　　　　敝(bì)舆(yú)　　　短褐(hè)
犀兕(sì)　　　　　　鼋(yuán)鼍(tuó)　 鲋(fù)鱼
文梓(zǐ)　　　　　　楩(pián)楠　　　　长(cháng)木
牒(dié)　　　　　　 守圉(yù)　　　　 诎(qū)
雉兔(zhì)　　　　　 禽滑(gǔ)厘

（九）《庖丁解牛》

庖(páo)丁　　　　　 所踦(yǐ)　　　　 砉(xū)然
向(xiǎng)然　　　　 騞(huō)然　　　　 中(zhòng)音
大郤(xì)　　　　　　大窾(kuǎn)　　　　肯綮(qìng)

大觚(gū) 更(gēng)刀 发于硎(xíng)
有间(jiàn) 怵(chù)然 謋(huò)然
踌(chóu)躇(chú)

(十)《师说》

句读(dòu) 或不(fǒu)焉 巫(wū)医
近谀(yú) 欤(yú) 郯(tán)子
苌(cháng)弘 师襄(xiāng) 老聃(dān)
李蟠(pán) 经传(zhuàn) 贻(yí)

(十一)《静女》

姝(shū) 俟(sì) 城隅(yú)
不见(xiàn) 踟(chí)蹰(chú) 娈(luán)
贻(yí) 炜(wěi) 怿(yì)
女(rǔ) 归(kuì)荑(tí) 洵(xún)

(十二)《短歌行》

慨(kǎi) 慷(kāng) 子衿(jīn)
呦(yōu)呦 吹笙(shēng) 掇(duō)
越陌度阡(qiān) 谈䜩(yàn) 三匝(zā)
吐哺(bǔ)

(十三)《春江花月夜》

滟(yàn)滟 芳甸(diàn) 霰(xiàn)
汀(tīng)上 青枫浦(pǔ) 扁(piān)舟子
捣衣砧(zhēn) 还(huán)来

(十四)《燕歌行并序》

摐(chuāng)金 旌(jīng)旆(pèi) 逶(wēi)迤(yí)
瀚(hàn)海 腓(féi) 蓟(jì)北

(十五)《李凭箜篌引》

箜(kōng) 篌(hóu) 神妪(yù)

(十六)《国殇》

国殇(shāng)	披(pī)	犀(xī)甲
错毂(gǔ)	旌(jīng)	矢(shǐ)
躐(liè)余行	左骖(cān)	殪(yì)
霾(mái)	絷(zhí)	玉枹(fú)

(十七)《烛之武退秦师》

函(hán)陵	氾(fán)南	佚(yì)之狐
缒(zhuì)	鄙(bǐ)远	共(gōng)其乏困
瑕(xiá)	阙(quē)秦	杞(qǐ)子
逢(páng)孙	夫(fú)人	不知(zhì)

(十八)《廉颇蔺相如列传》

缪(miào)贤	遗(wèi)赵王书	臣语(yù)曰
肉袒(tǎn)	列观(guàn)	城邑(yì)
甚倨(jù)	睨(nì)柱	度(duó)
传(zhuàn)舍	衣(yì)褐	间(jiàn)
汤镬(huò)	孰(shú)	渑(miǎn)池
叱(chì)之	酒酣(hān)	盆缻(fǒu)
不怿(yì)	避匿(nì)	驽(nú)
负荆(jīng)	鄙(bǐ)贱	刎(wěn)颈之交
皆靡(mǐ)		

(十九)《永遇乐·京口北固亭怀古》

舞榭(xiè)歌台	狼居胥(xū)	佛(bì)狸(lí)祠

(二十)《声声慢·寻寻觅觅》

觅(mì)觅	戚(qī)戚	乍暖还(huán)寒

(二十一)《归园田居(其一)》

羁(jī)鸟	守拙(zhuō)	荫(yìn)
暧(ài)暧	桑树颠(diān)	樊(fán)笼

(二十二)《将进酒》

金樽(zūn)　　　　还(huán)复来　　　　将(qiāng)进酒
馔(zhuàn)玉　　　平乐(lè)　　　　　恣(zì)欢谑(xuè)
千金裘(qiú)

(二十三)《登高》

渚(zhǔ)清　　　　鬓(bìn)　　　　　浊(zhuó)酒

(二十四)《赤壁赋》

壬(rén)戌(xū)　　　属(zhǔ)客　　　　窈(yǎo)窕(tiáo)
少(shǎo)焉　　　　斗(dǒu)牛　　　　冯(píng)虚御风
扣舷(xián)　　　　桂棹(zhào)　　　　溯(sù)流光
幽壑(hè)　　　　　嫠(lí)妇　　　　　愀(qiǎo)然
渔樵(qiáo)　　　　相缪(liáo)　　　　舳(zhú)舻(lú)
酾(shī)酒　　　　　横槊(shuò)　　　　江渚(zhǔ)
扁(piān)舟　　　　匏(páo)樽　　　　相属(zhǔ)
蜉(fú)蝣(yóu)　　　无尽藏(zàng)　　　更(gēng)酌
肴(yáo)核(hé)　　　狼籍(jí)　　　　　相与(yǔ)
枕藉(jiè)　　　　　潜蛟(jiāo)

(二十五)《项脊轩志》

项脊(jǐ)轩　　　　渗(shèn)漉(lù)　　修葺(qì)
垣(yuán)墙　　　　栏楯(shǔn)　　　偃(yǎn)仰
啸(xiào)歌　　　　冥(míng)然　　　兀(wù)坐
万籁(lài)　　　　　迨(dài)　　　　　异爨(cuàn)
逾(yú)庖(páo)　　　老妪(yù)　　　　先妣(bǐ)
呱(gū)呱　　　　　阖(hé)门　　　　象笏(hù)
瞻(zhān)顾　　　　扃(jiōng)牖(yǒu)　殆(dài)
姊(zǐ)

(二十六)《过华清宫绝句三首》

霓(ní)裳(cháng)　　笙(shēng)歌

第二编 文言文阅读

我来试一试

班级正在举办以"对话古人——体会古诗词学习的乐趣"为主题的读书分享会。以下是同学们分享时使用到的句子,其中有四处读音错误,请你修改过来。

1. 其声呜呜然,如怨如慕,如泣如诉,余音袅袅,不绝如缕。舞幽壑(hè)之潜蛟(jiǎo),泣孤舟之嫠(lí)妇。

2. 吾尝终日而思矣,不如须臾(yú)之所学也;吾尝跂(jī)而望矣,不如登高之博见也。

3. 轩东故尝为厨,人往,从轩前过。余扃(jiōng)牖(yǒu)而居,久之,能以足音辨人。轩凡四遭火,得不焚,殆(dài)有神护者。

4. 子路率尔而对曰:"千乘(chèng)之国,摄乎大国之间,加之以师旅,因之以饥馑(jǐng);由也为之,比及三年,可使有勇,且知方也。"

_____ _____

_____ _____

参考答案:

【我来测一测】

① 吐哺(bǔ) ② 纶(guān)巾 ③ 佛(bì)狸祠

④ 酾(shī)酒 ⑤ 横槊(shuò)

第二章 实词

我来测一测

阅读下面的文字,完成习题。(本题2分)

随着新媒体的流行,一些年轻的戏曲演员开始把手机屏幕当成一方舞台,以"直播"的方式,吸引了广泛的关注,并收获了流量。戏曲传播载体的网络化、多元化是大势所趋。这些年,戏曲也一直在谋求"破圈"。京剧裘派传人裘继戎的《惊·鸿》,在某平台跨年晚会上惊艳了许多年轻人;粤剧电影《白蛇传·情》,则让大江南北的年轻人迷上了粤剧。

窃以为,这不只是破圈,更是对戏曲生态的一种良性修复,是"破茧重生"。

以下说法中的"窃"与上文中意思不同的一项是 (　　)

A. 臣窃以为其人勇士,有智谋
B. 邻有短褐而欲窃之
C. 窃计欲亡走燕
D. 赵王窃闻秦王善为秦声

我的得分为_____分

我来看一看

基础知识

(一)《伐檀》

1. 坎坎伐檀兮:坎坎,用斧砍树木的声音。兮,语气助词,表示停顿或感叹，相当于"啊"。

2. 寘之河之干兮：寘，同"置"。干，岸。

3. 河水清且涟猗：河，黄河。涟，风吹水面形成的波纹。猗，语气助词。

4. 不稼不穑：稼，耕种。穑，收割。

5. 胡取禾三百廛兮：胡，何、为什么。禾，谷物。三百，表示很多。

6. 不狩不猎：狩，冬天打猎，泛指打猎。

7. 胡瞻尔庭有县貆兮：瞻，看到。尔，你的。县，同"悬"。貆，幼小的貉。

8. 彼君子兮：彼，那些。君子，对统治者和贵族男子的通称，以敬称作反语，语含讽意。

9. 不素餐兮：素餐，白吃，指不劳而食。

10. 坎坎伐辐兮：伐辐，砍取制作车辐的檀木。辐，车轮上连接车毂与轮圈的直木。

11. 河水清且直猗：直，直的波纹。

12. 胡取禾三百亿兮：亿，数词，周代以十万为亿。一说"亿"同"繶"，意思同"缠"。

13. 胡瞻尔庭有县特兮：特，三岁的兽，一说四岁的兽。

14. 坎坎伐轮兮：伐轮，指砍取制作车轮的檀木。

15. 寘之河之漘兮：漘，水边。

16. 河水清且沦猗：沦，小波纹。

17. 胡取禾三百囷兮：囷，圆形的谷仓。

18. 胡瞻尔庭有县鹑兮：鹑，鹌鹑。

19. 不素飧兮：飧，晚餐，泛指饭食。

（二）《无衣》

1. 与子同袍：袍，长袍，类似于斗篷，行军者白天当衣服穿，晚上当被子盖。

2. 王于兴师：秦君出兵打仗。王，秦君，一说指周王。于，助词。兴师，起兵、出兵。

3. 同仇：指共同对付敌人。

4. 泽：同"襗"，贴身的内衣。

5. 偕作：一同起来，指共同行动。作，起。

6. 甲兵：铠甲和兵器。

（三）《种树郭橐驼传》

1. 橐驼：骆驼。

2. 病偻：患了脊背弯曲的病。

3. 隆然：（脊背）高起的样子。

4. 伏行：弯着腰走。

5. 名我固当：名，称呼。

6. 驼业种树：业，以……为业。

7. 争迎取养：取养，聘用供养。

8. 硕茂：高大茂盛。

9. 早实以蕃：实，结果实。蕃，多。

10. 窥伺效慕：效慕，仿效。

11. 寿且孳：孳，繁盛。

12. 能顺木之天：天，天性。

13. 其本欲舒：本，根。欲，要。

14. 其培欲平：培，培土。

15. 其土欲故：故，旧土。

16. 其筑欲密：筑，捣土。

17. 既然已：然，这样。

18. 其莳也若子：莳，栽种。若子，像对待孩子那样。

19. 其置也若弃：置，放下。

20. 根拳而土易：拳，拳曲，伸展不开。土易，土换成了新的。

21. 则又爱之太恩：恩，宠爱。

22. 爪其肤以验其生枯：爪，指甲，文中指用指甲抠。肤，指树皮。生枯，生死。

23. 摇其本以观其疏密：疏密，指土的松紧。

24. 而木之性日以离矣：离，背离。

25. 故不我若也：不我若，不如我，比不上我。

26. 移之官理：官理，做官治民。理，治。唐人避高宗名讳改"治"为"理"。

27. 见长人者好烦其令：长人者，做官的。长，统治、治理。人，民。烦，繁多。

28. 而卒以祸：卒，最终。

29. 勖尔植：勖，勉励。

30. 早缫而绪：缫，把蚕茧浸在热水里抽出蚕丝。而，同"尔"，你们的。绪，丝头。

31. 早织而缕：缕，线。

32. 字而幼孩：字，养育。

33. 遂而鸡豚：遂，养好。豚，猪。

34. 击木而召之：木，文中指木梆。

35. 吾小人：我们小民。

36. 辍飧饔以劳吏者：辍，停止。飧，晚饭。饔，早饭。以，用来，连词。劳，慰劳。

37. 且不得暇：暇，空闲。

38. 又何以蕃吾生而安吾性耶：蕃，使……繁盛。

39. 故病且怠：病，困苦。且，并且。怠，疲倦。

40. 不亦善夫：善，好的。

41. 传其事以为官戒：传，记载。

（四）《念奴娇·赤壁怀古》

1. 大江东去：大江，长江。东，向东，名词活用作状语。

2. 故垒：旧时军队营垒的遗迹。

3. 雄姿英发：姿容雄伟，英气勃发。

4. 羽扇纶巾：纶巾，配有青丝带的头巾。

5. 樯橹：代指曹操的战船。樯，挂帆的桅杆。橹，一种摇船的桨。

6. 故国：指赤壁古战场。

7. 早生华发：华发，花白的头发。

8. 尊：同"樽"，一种盛酒器，文中指酒杯。

9. 酹：将酒洒在地上，表示凭吊。

10. 灰飞烟灭：灰、烟，名词活用作状语，像灰一样……，像烟一样……

(五)《促织》

1. 征：征收。

2. 进：进奉。

3. 责：责令。

4. 昂其直：抬高它的价钱。直，同"值"。

5. 居为奇货：居，囤积、储存。

6. 假此科敛丁口：假，凭借、利用。科敛，摊派、聚敛。丁口，老百姓。

7. 操童子业：操……业，从事……行业。童子，童生。

8. 久不售：售，考取。

9. 迂讷：迂拙而又不善言辞。

10. 遂：于是。

11. 薄产累尽：累，渐次。

12. 靡计不施，迄无济：靡，无。迄，最终。济，成功。

13. 中于款：中，合乎。款，规格。

14. 宰严限追比：追比，旧时地方官吏严逼人民，限期交税、交差，逾期受杖责、监禁等方式继续追逼。

15. 具资诣问：诣，到、前往。

16. 爇香于鼎：爇，点燃。

17. 再拜：拜两次。

18. 唇吻翕辟：翕，合。辟，开。

19. 竦立以听：竦立，恭敬地站着。

20. 得无：莫非。

21. 逼似：逼，非常。

22. 强：勉力，努力。

23. 蔚起：成群而起。

24. 急逐趁之：趁，追逐。

25. 蹑迹披求：蹑，追随。

26. 添以尖草：添，拨动。

27. 不啻：比不上。

28. 以塞官责：塞，充抵。

29. 覆算：追究。覆，审核。算，算账。

30. 被：覆盖。

31. 抢呼欲绝：头撞地，口呼天，几乎要绝命，形容十分悲痛。

32. 惙然：气息微弱的样子。

33. 觇视：窥视，探看。

34. 审谛之：仔细地看它。谛，细察。

35. 日与子弟角：子弟，年轻人。角，较量、斗。

36. 售者：这里指买主。售，买。

37. 固强之：意思是坚持要较量较量。固，坚持、一定。强，强迫、迫使。

38. 直龁敌领：龁，咬。领，脖子。

39. 翘然矜鸣：得意扬扬地鸣叫。翘然，趾高气昂的样子。矜，得意、骄傲。

40. 瞥来：突然而来。瞥，突然、倏然。

41. 虫集冠上：蟋蟀停落在鸡冠上。集，止。

42. 掇：拾取。

43. 翼日：次日。翼，同"翌"。

44. 细疏：在公文上详细地分条陈述。

45. 出其右：超过它。右，古代以右为尊。

46. 所自：由来，来源。

47. 闻：上报。

48. 俾入邑庠：使（他）进入县学，即取中秀才。俾，使。庠，学校。

49. 赉：赠送，赏赐。

50. 民日贴妇卖儿：贴，抵押。

51. 独是成氏子以蠹贫：独是，唯独这个。以，因为。蠹，蛀虫，比喻侵耗财务的胥吏。

52. 扬扬：得意的样子。

(六)《子路、曾皙、冉有、公西华侍坐》

1. 毋：不要。

2. 居：平日、平时。

3. 率尔：率，轻率。尔，词尾，相当于"然"。

4. 千乘之国：乘，古代一车四马为一乘。

5. 摄乎大国之间：摄，夹，处于。

6. 加之以师旅：有军队来攻打它。师旅，指军队。

7. 因之以饥馑：因，接续。饥馑，指饥荒，五谷不熟叫"饥"，蔬菜不熟叫"馑"。

8. 为之：为，治。

9. 比及：等到。

10. 方：指行为准则。

11. 哂：笑。

12. 方六七十，如五六十：如，或者。

13. 足民：使人民富足。

14. 如其礼乐，以俟君子：如，至于。俟，等待。

15. 能：胜任，能做到。

16. 宗庙之事：指诸侯祭祀祖先的事情。

17. 如会同：会，诸侯在非规定时间朝见天子。同，诸侯共同朝见天子。

18. 端章甫：穿着礼服，戴着礼帽。

19. 舍瑟而作：舍，放下、离开。作，起身。

20. 撰：讲述。一说才能。

21. 何伤：有什么妨害。

22. 莫春：即暮春，农历三月。莫，同"暮"。

23. 春服既成：春天的衣服已经穿定了。既，副词，已经。成，定。

24. 冠者：指成年人。古时男子二十岁行加冠礼，表示成年。

25. 喟然：叹息的样子。喟，叹息。

26. 与：赞成。

27. 其言不让：让，谦让。

28. 安见：怎见得。

(七)《寡人之于国也》

1. 河内：今河南境内黄河以北的地方。

2. 凶：谷物收成不好、荒年。

3. 河东：黄河流经山西境内，自北而南，故称山西境内黄河以东的地区为河东。

4. 粟：谷子，脱壳后称为小米，泛指粮食。

5. 加少：更少。加，更。

6. 好战：喜欢打仗。

7. 填然鼓之：咚咚地敲着战鼓。填，拟声词，敲击战鼓的声音。鼓，击鼓。

8. 兵刃既接：兵刃，兵器、武器。接，接触、交锋。

9. 弃甲曳兵而走：曳，拖着。走，跑，这里指逃跑。

10. 或：有的人。

11. 直不百步耳：直，只是、不过。

12. 是：代词，这。

13. 无：同"毋"，不要。

14. 不违农时：违，违背、违反，这里指耽误。农时，农业生产季节。

15. 谷不可胜食：谷，粮食的统称。胜，尽。

16. 数罟不入洿池：数，密。罟，网。洿池，池塘。

17. 斧斤以时入山林：指砍伐树木按一定的季节进行。斤，斧类的砍斫工具。

18. 养生丧死无憾：养生丧死，供养活着的人，为死去的人办丧事。憾，遗憾、不满意。

19. 王道之始也：王道，以仁义治天下，这是儒家的政治主张。

20. 谨庠序之教：谨，谨慎，指认真从事。庠、序，都是学校。商代叫序，周代叫庠。

21. 申之以孝悌之义：申，反复陈述。悌，敬爱兄长。义，道理。

22. 颁白者不负戴于道路矣：颁白，头发花白。颁，同"斑"。负，背负。戴，用头顶着。

23. 王：为王，称王。

24. 狗彘食人食而不知检：前一个"食"，动词，吃。后一个"食"，名词，食物。检，制止、约束。

25. 涂有饿莩：涂，同"途"，道路。莩，同"殍"，饿死的人。

26. 发：指打开粮仓赈济百姓。

27. 岁：年成。

28. 罪：归咎，归罪。

29. 斯天下之民至焉：斯，则、那么。

（八）《劝学》

1. 君子：文中指有学问、有修养的人。

2. 青，取之于蓝：青，靛青，一种染料。蓝，草名，叶子可提取靛青。

3. 青于蓝：比蓝草颜色深。

4. 中绳：合乎木匠用来取直的墨线。

5. 輮：同"煣"，用火烘烤木材使之弯曲。

6. 规：圆规。

7. 虽有槁暴：有，同"又"。槁暴，晒干。槁，枯。暴，同"曝"。

8. 挺：直。

9. 金：指金属制的刀斧等。

10. 就砺：就，接近、靠近。砺，磨刀石。

11. 参省乎己：参，检验。省，省察。乎，相当于"于"。

12. 知：同"智"，智慧、见识。

13. 跂：踮起脚后跟。

14. 疾：劲疾。

15. 彰：清楚。

16. 舆马：车马。

17. 利足：善于奔走。

18. 致：到达。

19. 能水：善于游水。水，游泳。

20. 绝：横渡。

21. 生非异：生，同"性"，天性。

22. 物：外物，包括各种客观条件。

23. 兴焉：焉，兼词，相当于"于此"。

24. 神明：非凡的智慧。

25. 圣心：圣人的心怀。

26. 无以：没有用来……的办法。

27. 骐骥：骏马。

28. 驽马十驾：驽马，劣马。驾，一天的行程。

29. 功在不舍：舍，停止、止息。

30. 锲：刻，雕刻。

31. 镂：雕刻。

32. 埃土：泥土，尘土。

33. 黄泉：地下的泉水。

34. 一：专一。

35. 六跪：跪，特指蟹足。

36. 螯：蟹钳。

37. 躁：浮躁，不专心。

（九）《公输》

1. 子墨子：指墨翟。前一个"子"是夫子（先生、老师）的意思，表示尊称。

2. 起：出发，动身。

3. 臣：秦汉以前一般人也可自谦称"臣"。

4. 愿借子杀之：子，对男子的尊称，相当于您。

5. 金：货币计量单位，先秦以一镒为一金，即二十两。

6. 义：（按照）道义。

7. 说之：解说这件事。

8. 仁：对人亲善、友爱。

9. 知而不争：争，同"诤"，劝谏。

10. 知类：懂得类推事理。

11. 然胡不已乎：但是为什么不停止呢？已，停止。

12. 见：引见。

13. 文轩：文，彩饰。轩，古代一种有帷幕的车子，供大夫以上乘坐，泛指华美的车子。

14. 敝舆：破车。

15. 短褐：粗布衣服。短，同"裋"，粗劣的衣服。

16. 粱肉：指好饭好菜。

17. 何若：什么样的。

18. 之与：表比较，同……（相比）。

19. 云梦：泛指春秋战国时楚王的游猎区。

20. 为天下富：富，多。

21. 所为：所谓。

22. 长木：高大的树木。

23. 此：这。

24. 虽然：即使如此。

25. 牒：木片。

26. 九设攻城之机变：九，表示次数多。机变，器械的变换。

27. 距：同"拒"。

28. 守圉：守卫。圉，同"御"，抵挡。

29. 诎：同"屈"，办法穷尽。

30. 所以：用来……的方法。

31. 寇：入侵。

（十）《庖丁解牛》

1. 庖丁：庖，厨师。

2. 解：剖开、分割。

3. 所触：接触的地方。

4. 倚：依，靠。

5. 履：踩。

6. 踦：用膝抵住。

7. 砉然向然：砉，拟声词，皮肉筋骨分离的声音。向，同"响"。

8. 奏刀騞然：奏，进。騞，拟声词，插刀裂物的声音。

9. 中音：合乎音律。

10. 合于《桑林》之舞：合乎《桑林》乐舞的节拍。《桑林》，传说中商汤的乐舞。

11. 乃中《经首》之会：又合乎《经首》乐舞的节奏。乃，又。《经首》，传说中尧的乐舞。会，节奏。

12. 盖：同"盍"，何，怎样。

13. 道：事理，规律。

14. 进乎技矣：超过技术了。进，超过。技，具体的操作技术。

15. 臣以神遇而不以目视：遇，接触。

16. 官知止而神欲行：神欲，精神活动。

17. 批大郤：斜劈（筋骨连接处）大的缝隙。批，斜劈。郤，同"隙"，空隙。

18. 导大窾：引刀进入（骨节之间的）空处。导，引导，指引刀进入。窾，空隙。

19. 技经肯綮之未尝：技，同"枝"，指枝（支）脉。经，指经脉。肯綮，指筋骨结合的地方。

20. 更：更换。

21. 族庖：一般的厨师。族，众。

22. 折：断，指用刀砍断。

23. 新发于硎：刚从磨刀石上磨出来。硎，磨刀石。

24. 彼节者有间：那牛骨节间有空隙。

25. 无厚：没有厚度。这里形容刀口薄。

26. 恢恢乎：宽绰的样子。

27. 族：（筋骨）交错聚结的地方。

28. 怵然：戒惧的样子。

29. 謋：拟声词，迅速裂开的声音。形容骨与肉分开的声音。

30. 委：散落，卸落。

31. 踌躇满志：悠然自得，心满意足。

32. 善：同"缮"，修治，指揩拭。

33. 养生：指养生之道。

(十一)《师说》

1. 学者：求学的人。

2. 受：同"授"，传授。

3. 其为惑也：那些成为困惑的问题。

4. 闻：知道，懂得。

5. 从而师之：师之，就是"以之为师"。

6. 吾师道也：师，学习。

7. 师道：尊师学习的风尚。

8. 出人：超出一般人。

9. 犹且：尚且，还。

10. 众人：一般人。

11. 圣益圣，愚益愚：圣人更加圣明，愚人更加愚昧。益，更加、越发。

12. 身：自己。

13. 耻师：以从师学习为耻。

14. 惑：糊涂。

15. 句读：句，一句话后的停顿。读，一句话中间短暂停顿。

16. 或师焉，或不焉：前一个"或"指代"句读之不知"，后一个"或"指代"惑之不解"。

17. 不耻相师：耻，以……为耻。

18. 族：类。

19. 曰师曰弟子云者：云者，如此之类。

20. 位卑则足羞，官盛则近谀：以地位低者为师，就感到十分耻辱；以官职高者为师，就觉得是近乎谄媚。谀，谄媚、奉承。

21. 不齿：不与同列。齿，并列、排列。

22. 乃：竟。

23. 常师：固定的老师。

24. 郯子之徒：郯子那些人。徒，同类的人。

25. 贤：才德优秀。

26. 不必：不一定。

27. 术业：学术技艺。

28. 专攻：专门学习或研究。攻，学习、研究。

29. 古文：指先秦两汉时期的散文，与骈文相对。

30. 六艺经传：六经的经文和传文。六艺，指《诗》《书》《礼》《乐》《易》《春秋》六种经书，其中《乐》已失传。传，古代解释经书的著作。

31. 通：全面。

32. 不拘于时：不受时俗的限制。时，时俗，指当时士大夫中耻于从师的不良风气。

33. 嘉：赞许。

34. 古道：指古人从师之道。

35. 贻：赠送。

(十二)《静女》

1. 静女：淑女。静，文静、娴静。

2. 姝：美丽，漂亮。

3. 爱：同"薆"，隐藏。

4. 见：同"现"，出现。

5. 踟蹰：徘徊。

6. 娈：美好。

7. 彤管：红色管状初生的草。

8. 炜：色红而光亮。

9. 说怿女美：说，同"悦"。怿，喜悦。女，同"汝"。

10. 自牧归荑：牧，城邑的远郊。归，同"馈"，赠送。

11. 洵美且异：确实美好而且与众不同。洵，诚然、实在。

12. 匪女之为美：匪，同"非"，表示否定。

(十三)《短歌行》

1. 对酒当歌：饮酒听歌。当，与"对"同义。

2. 几何：多少。

3. 去日苦多：已经逝去的日子太多了。苦，甚。

4. 慨当以慷：即"当慨以慷"，文中指应当慷慨放歌。以，而。

5. 但为君故：只是为了你的缘故。但，只。君，指渴望得到的贤才。

6. 沉吟：沉思吟味，指思念和倾慕贤人。

7. 中：内心。

8. 枉用相存：屈驾来拜访我。枉，文中是屈驾的意思。用，以。存，问候、探望。

9. 契阔谈䜩：久别重逢，欢饮畅谈。契阔，聚散，文中特指久别重逢。䜩，同"宴"。

10. 三匝：三周。匝，周、圈。

11. 山不厌高，海不厌深：厌，同"餍"，满足。

(十四)《春江花月夜》

1. 滟滟：形容波光荡漾。

2. 月明：月光。

3. 芳甸：花草茂盛的原野。甸，郊外。

4. 霰：天空中降落的白色不透明的小雪珠。

5. 流霜：飞霜，比喻从空中洒落的洁白的月光。

6. 扁舟子：指漂泊江湖的游子。

7. 明月楼：明月映照下的楼阁，文中指楼上的思妇。

8. 裴回：同"徘徊"。

9. 离人：文中指守候在家的思妇。

10. 玉户帘中卷不去：玉户，用玉装饰的门，也用作门的美称。

11. 月华:月光。

12. 流照:光辉照射。

13. 鸿雁长飞光不度:大雁远飞却不能飞出月光,暗示鸿雁不能传书。

14. 鱼龙潜跃水成文:文,同"纹"。

15. 落月摇情满江树:落月牵动着离人的别愁,将光辉洒满江畔的林木。摇情,指心旌摇曳。

(十五)《燕歌行并序》

1. 和:按照别人诗词的题材和体裁作诗词,以相酬答。

2. 残贼:指残忍暴虐的敌寇。

3. 赐颜色:指给予褒奖恩宠。颜色,面色。

4. 摐金伐鼓:摐,撞击。金,指军中发信号用的钲、铙等金属乐器。伐,敲击。

5. 旌旆:旗帜。

6. 逶迤:舒展的样子。

7. 猎火:打猎时焚山驱兽之火,借指游牧民族兴兵打仗的战火。

8. 极:穷尽。

9. 胡骑:文中指契丹人、奚人的军队。

10. 凭陵:逼压。

11. 大漠穷秋塞草腓:穷秋,晚秋、深秋。腓,枯萎。

12. 当:承受。

13. 铁衣:用铁片制作的战衣,文中借指战士。

14. 边庭飘飖那可度:飘飖,随风飘动,形容动荡不安。

15. 绝域:极远的地方。

(十六)《李凭箜篌引》

1. 张:乐器上弦,文中指弹奏。

2. 颓:下垂、堆积的样子。

(十七)《国殇》

1. 殇：文中指为国战死者。
2. 操吴戈兮被犀甲：吴戈，吴地所产的戈，这种戈以锋利著称。被，同"披"。
3. 车错毂兮短兵接：错，交错。毂，车轮的中心部位，中间有孔。短兵，短兵器。
4. 凌余阵兮躐余行：凌，侵犯。躐，践踏。
5. 左骖殪兮右刃伤：骖，古代战车驾四马，中间两匹马叫"服"，外侧两匹马叫"骖"。殪，倒地而死。右，指右骖。刃伤，被兵刃砍伤。
6. 霾两轮兮絷四马：霾，同"埋"。絷，绊住。
7. 援玉枹兮击鸣鼓：援，拿、握。玉枹，镶嵌玉饰的鼓槌。
8. 天时坠兮威灵怒：天时，天象。坠，一作"怼"，怨恨。威灵，威严的神灵。
9. 严杀尽兮弃原野：严杀，残酷搏杀。
10. 平原忽兮路超远：忽，辽阔渺茫的样子。超远，遥远。
11. 首身离兮心不惩：惩，悔恨。
12. 诚既勇兮又以武：诚，诚然、确实。
13. 神以灵：以，连词，表并列关系。

(十八)《烛之武退秦师》

1. 贰于楚：指郑国依附于晋的同时又亲附于楚。
2. 晋军函陵：军，驻军。
3. 臣之壮也：壮，壮年。古时男子三十为"壮"。
4. 犹：尚且。
5. 无能为也已：不能干什么了。也已，语气助词，表示确定。
6. 许：答应。
7. 缒：用绳子拴着人（或物）从上往下送。
8. 既：已经。

9. 敢以烦执事：敢，自言冒昧的谦辞。执事，办事的官员，不直称对方，表示恭敬。

10. 越国以鄙远：鄙，边邑，把……当作边邑。

11. 焉用亡郑以陪邻：陪，增加。邻，邻国，指晋国。

12. 邻之厚，君之薄也：厚，增益。薄，减损。

13. 行李：外交使者。

14. 共其乏困：供给他们缺少的资粮。共，同"供"，供给。

15. 尝为晋君赐矣：曾经给予晋君恩惠。为，给予。赐，恩惠。

16. 朝济而夕设版焉：济，渡河。设版，修筑防御工事。版，筑土墙用的夹板。

17. 东封郑：封，疆界，意思是以……为疆界。

18. 肆其西封：扩张它西边的疆界。肆，延伸、扩张。

19. 阙秦：使秦国土地减少。阙，侵损、削减。

20. 将焉取之：将从哪里取得它所贪求的土地呢？焉，从哪里。

21. 唯君图之：希望您考虑这件事。唯，表示希望、祈请。之，指"阙秦以利晋"这件事。

22. 微夫人之力不及此：微，如果没有。夫人，那个人，指秦穆公。

23. 因人之力而敝之，不仁：因，依靠。敝，损害。

24. 失其所与，不知：失掉自己的同盟者，这是不明智的。与，结交、结盟。

25. 吾其还也：我们还是回去吧。其，表示祈使。

(十九)《廉颇蔺相如列传》

1. 拜：古代授予官职。

2. 闻：闻名，出名。

3. 遗：送给。

4. 徒见欺：白白地被欺骗。见，用在动词前面表示被动，相当于"被"。

5. 即：则，就。

6. 患：忧虑，担心。

7. 窃计：私下打算。窃，谦词。

8. 亡走：逃跑。

9. 止：阻止。

10. 语：告诉。

11. 束：捆绑。

12. 肉袒伏斧质：肉袒，脱去上衣，露出肩膀。斧质，古代腰斩用的刑具。

13. 幸得脱：侥幸能够免罪。幸，侥幸、幸而。脱，免。

14. 宜：应该。

15. 曲：理亏。

16. 均之二策：比较这两个对策。均，权衡、比较。之，这。

17. 宁许以负秦曲：宁可答应（给秦国璧），使它承担理亏（的责任）。负，担负、承担，意思是使……承担。

18. 必：果真。

19. 臣请完璧归赵：请，请允许我，表示敬意。完，使……完好无缺。

20. 奏：呈献，进献。

21. 示：给……看。

22. 美人：指妃嫔。

23. 左右：指侍从人员。

24. 指示：指给……看。

25. 授：交，给。

26. 却：退，文中指后退几步。

27. 负：凭借，倚仗。

28. 空言：口头上说的话。

29. 布衣之交：百姓之间的互相交往。布衣，平民。

30. 逆强秦之欢：逆，违逆。欢，欢心。

31. 拜送书于庭：在朝堂上行过礼，送出国书。庭，同"廷"，国君听政的朝堂。

32. 严：尊重。

33. 修敬：表示敬意。修，整饰。

34. 倨：傲慢。

35. 睨柱：斜着眼睛看庭柱。睨，斜视。

36. 辞谢：婉言道歉。

37. 案图：察看地图。案，同"按"，审察、察看。

38. 都：城。

39. 度：忖度，推测。

40. 特：只，不过。

41. 舍：安置住宿。

42. 传舍：招待宾客的馆舍。

43. 决：必定。

44. 衣褐：穿着粗布衣服，意思是化装成老百姓。

45. 径道：便道，小路。

46. 引：延请。

47. 坚明约束：坚守信约。坚明，坚守、恪守。约束，盟约。

48. 负：辜负，对不起。

49. 间：抄小道，秘密地。

50. 一介：一个，指一个人时，多含有渺小、卑贱之意。

51. 就汤镬：就，接近、到。

52. 孰：同"熟"，仔细。

53. 引相如去：拉相如离开。引，牵、拉。

54. 因：由此，趁此。

55. 厚遇：好好招待。厚，优厚。遇，招待、款待。

56. 拔：攻下。

57. 诀：诀别。

58. 请奉盆缶秦王：奉，进献。缶，同"缶"，瓦制的打击乐器。

59. 刃：用刀杀。

60. 靡：退却。

61. 为秦王寿：给秦王祝寿。寿，向人进酒或献礼以祝长寿。

62. 加胜于赵：胜过赵国，意思是占赵国的上风。加胜，制胜。

63. 盛设兵：多多部署军队。盛，多。

64. 徒以口舌为劳：徒，只、不过。口舌，言语。

65. 素贱人：一向都是身份低微的人。素，一向。

66. 宣言：扬言。

67. 争列：争位次的先后。

68. 已而：过了些时候。

69. 高义：高尚的品德。

70. 殊甚：太过分。殊，很、极。甚，过分。

71. 不肖：不才。

72. 孰与秦王：与秦王比哪一个（厉害）。孰与，与……相比，怎么样。

73. 顾：只是，不过。

74. 因宾客：通过宾客（做引导）。因，通过、经由。

75. 刎颈之交：誓同生死的朋友。刎，割。

(二十)《永遇乐·京口北固亭怀古》

1. 舞榭歌台：演出歌舞的楼台。榭，建在高台上的木屋。

2. 风流：文中指杰出不凡的人物及其事迹。

3. 元嘉草草：草草，轻率。

4. 封狼居胥：封，登山祭天，以纪功勋。

5. 北顾：指败逃中回头北望。

6. 烽火扬州路：路，宋代的行政区划。

(二十一)《声声慢·寻寻觅觅》

1. 戚戚:悲愁、哀伤的样子。

2. 乍暖还寒:忽暖忽冷,天气变化无常。

3. 将息:养息,休息。

4. 黄花:菊花。

5. 憔悴损:憔悴,凋零、枯萎。损,相当于"极",表示程度很深。

6. 堪:可以,能够。

7. 怎生得黑:怎样挨到天黑。怎生,怎么、怎样。

8. 次第:光景,状况。

(二十二)《归园田居(其一)》

1. 适俗:适应世俗。

2. 韵:气质,情致。

3. 羁鸟:羁,约束。

4. 守拙:持守愚拙的本性,即不学巧伪,不争名利。

5. 方宅十余亩:方,四周围绕。

6. 暧暧:迷蒙隐约的样子。

7. 依依:隐约的样子,一说"轻柔的样子"。

8. 墟里:指村落。

9. 户庭:门户庭院。

10. 尘杂:指世俗的繁杂琐事。

11. 虚室:静室。

12. 余闲:余暇,空闲。

13. 樊笼:关鸟兽的笼子。文中指束缚本性的俗世。

(二十三)《将进酒》

1. 高堂:高大的厅堂。

2. 得意:指有兴致。

3. 金樽:酒杯的美称。

4. 会须：应当。

5. 钟鼓馔玉：指击钟敲鼓，食用珍美如玉的佳肴。馔玉，珍美如玉的佳肴。

6. 寂寞：指不为世所用，默默无闻。

7. 斗酒十千：一斗酒值十千钱，指酒美而贵。

8. 恣欢谑：尽情地欢乐戏谑。

9. 径须沽取：毫不犹豫地买酒。径须，直须、应当。

10. 儿：指侍僮。

11. 将出：牵出，拿出。

12. 销：排遣。

(二十四)《登高》

1. 渚：水中的小块陆地，小洲。

2. 鸟飞回：鸟（在急风中）飞舞盘旋。

3. 落木：落叶。

4. 萧萧：草木摇落的声音。

5. 百年：文中借指晚年。

6. 艰难苦恨繁霜鬓：艰难，指自己生活多艰，又指国家多难。苦恨，深深地遗憾。繁霜鬓，像浓霜一样的鬓发。

7. 潦倒：衰颓，失意。

8. 新停：刚刚停止。

(二十五)《赤壁赋》

1. 壬戌：指宋神宗元丰五年。

2. 既望：过了望日后的第一天，通常指农历每月十六日。

3. 举酒属客：举起酒杯，劝客人饮酒。属，同"嘱"，劝请。

4. 少焉：一会儿。

5. 斗牛：斗宿和牛宿，都是星宿名。

6. 白露：指白茫茫的水气。

7. 纵一苇之所如：纵，放任。一苇，比喻船很小，像一片苇

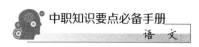

叶。如,往。

  8. 凌万顷之茫然:凌,在……之上。万顷,指广阔的江面。茫然,旷远的样子。

  9. 冯虚御风:凌空驾风而行。冯,同"凭",乘。虚,太空。御,驾。

  10. 扣舷:敲着船边,指打着节拍。

  11. 桂棹兮兰桨:桂木做的棹,兰木做的桨。

  12. 击空明兮溯流光:空明,指月光下的清波。流光,江面浮动的月光。

  13. 渺渺兮予怀:渺渺,悠远的样子。

  14. 望美人兮天一方:美人,指所思慕的人。

  15. 倚歌:依照歌曲的曲调和节拍。倚,依。

  16. 余音袅袅,不绝如缕:袅袅,形容声音婉转悠长。缕,细丝。

  17. 舞幽壑之潜蛟,泣孤舟之嫠妇:箫声使深谷中的蛟龙听了起舞,使独坐孤舟的寡妇听了落泪。幽壑,深谷。嫠妇,寡妇。

  18. 愀然:容色改变的样子。

  19. 危坐:端坐。

  20. 山川相缪,郁乎苍苍:山水环绕,草木茂盛。缪,同"缭",盘绕、围绕。

  21. 此:这地方。

  22. 方:当。

  23. 舳舻:船头和船尾的并称,泛指首尾相接的船只。

  24. 酾酒临江,横槊赋诗:面对大江斟酒,横执长矛吟诗。酾酒,斟酒。槊,长矛。

  25. 渔樵于江渚之上:在江边捕鱼砍柴。渔樵,捕鱼砍柴。

  26. 侣鱼虾而友麋鹿:以鱼虾为伴,以麋鹿为友。

  27. 匏樽:用葫芦做成的酒器。匏,葫芦的一种。

28. 蜉蝣：一种昆虫，生存期极短，古人说它朝生暮死。文中用来比喻人生短暂。

29. 一粟：一粒米。

30. 骤：一下子，很轻易地。

31. 遗响：余音，指箫声。

32. 逝者如斯，而未尝往也；盈虚者如彼，而卒莫消长也：斯，指江水。虚，缺。彼，指月。卒，终究。消长，消减和增长。

33. 盖将自其变者而观之，则天地曾不能以一瞬：将，文中表示假设。

34. 吾与子之所共适：适，文中有"享有"的意思。

35. 更：再。

36. 肴核：菜肴和果品。

37. 狼籍：同"狼藉"。

38. 相与枕藉：互相枕着、垫着。藉，垫着。

39. 既白：天明。白，明亮。

(二十六)《项脊轩志》

1. 旧：旧日的，原来的。

2. 方丈：一丈见方。

3. 渗漉：渗漏。

4. 垣墙周庭，以当南日：四周围绕院子砌上墙，用（北墙）对着南边射来的日光（使其反照室内）。垣，矮墙，也泛指墙。

5. 洞然：明亮的样子。

6. 栏楯：栏杆。

7. 增胜：增加光彩。胜，美。

8. 偃仰：俯仰。文中指安居、休息。

9. 啸歌：长啸歌吟。

10. 冥然兀坐：静静地独自端坐。

11. 珊珊：树影缓缓摇曳的样子。

12. 先是：在此以前。

13. 迨诸父异爨：迨，等到。诸父，伯父、叔父的统称。异爨，分灶做饭，指分家。

14. 往往而是：到处都是。往往，处处。

15. 东犬西吠：东家的狗（听到西家的声音）就对着西家叫。

16. 已：不久后。

17. 先大母：去世的祖母。

18. 乳二世：文中指给父亲和自己两代人喂过奶。乳，喂奶、哺育。

19. 抚：爱护。文中是对待的意思。

20. 中闺：内室。

21. 而：同"尔"，你的。

22. 过余：来看我。过，探望。

23. 大类：很像。

24. 比去：等到离开的时候。

25. 阖：关闭。

26. 不效：没有效果。文中指科举上无所成就。

27. 象笏：象牙制的手板。古代品级较高的官员朝见君主时执笏，供指画和记事。

28. 瞻顾遗迹：瞻视先人留下的旧物。

29. 扃牖：关上窗户。扃，关闭。牖，窗户。

30. 殆：恐怕，可能。

31. 来归：指嫁到我家来。

32. 书：写字。

33. 归宁：出嫁的女子回娘家省亲。

34. 述诸小妹语：（回来后）转述她小妹们的话。

35. 制：形制，规制。

36. 盖：伞盖。

（二十七）《过华清宫绝句三首》

1. 次第：依次。

2. 红尘：文中指飞扬的尘土。

（二十八）《锦瑟》

1. 锦瑟：漆有织锦纹的瑟。

2. 无端：无缘由。

3. 柱：瑟上系弦的短木。

4. 华年：指青年时代。

5. 惘然：恍惚失意的样子。

（二十九）《虞美人》

1. 雕栏玉砌：雕饰华美的栏杆与用玉石砌成的台阶，指宫殿建筑。

2. 朱颜改：红润的容颜改变了，指人已憔悴。

3. 几多：多少。

（三十）《破阵子》

1. 新社：即春社，时间在立春后、清明前。

2. 逢迎：相逢。

3. 疑怪：诧异，奇怪。文中是"怪不得"的意思。

4. 元：同"原"。

5. 斗草：古代的一种游戏，也叫"斗百草"。

6. 双脸：指两颊。

（三十一）《苏幕遮》（范仲淹）

1. 波上寒烟翠：水面上笼罩着清寒的雾气。

2. 黯乡魂：思念家乡，黯然销魂。

3. 追旅思：羁旅的愁思缠绕不休。追，追随、纠缠。

（三十二）《雨霖铃》

1. 都门帐饮：在都城汴京的城外，设帐置酒送别。

2. 无绪：没有情绪，心情不好。

3. 兰舟：兰木做的船，一般用作船的美称。

4. 凝噎：因悲伤而哽咽。

5. 楚天：楚地的天空，文中泛指南方的天空。

6. 经年：年复一年。

7. 千种风情：形容说不尽的相爱、相思之情。

(三十三)《桂枝香·金陵怀古》

1. 登临送目：登山临水，放眼远眺。

2. 肃：肃爽，天高气爽。

3. 簇：聚集成的团或堆。

4. 星河：天河。文中指长江。

5. 画图难足：图画难以完备地展现。

6. 繁华竞逐：竞逐繁华，争相追逐奢侈豪华生活。

7. 悲恨相续：指各个王朝接连覆亡。

8. 凭高：登临高处。

9. 谩嗟荣辱：枉自感叹兴亡的荣耀和耻辱。谩，同"漫"。

(三十四)《苏幕遮》(周邦彦)

1. 燎：烧。

2. 溽暑：潮湿闷热的暑气。

3. 侵晓：天快亮之时。侵，渐近。

4. 叶上初阳干宿雨：宿雨，昨夜下的雨。

5. 吴门：原指春秋吴都（今江苏苏州）阊门，文中泛指吴越之地。

6. 长安：文中借指北宋的都城汴京。

7. 芙蓉浦：有荷花的水边。芙蓉，荷花的别称。浦，水边。

(三十五)《书愤》

1. 早岁：早年。

2. 中原北望：指北望淮河以北沦陷在金人手中的地区。

3. 名世：名显于世。

4. 伯仲间：指不相上下。

(三十六)《扬州慢》

1. 初霁：指雪方止，天放晴。
2. 戍角：指驻防部队的号角。
3. 度：谱写，作曲。
4. 黍离之悲：指故国残破的悲思。
5. 解鞍少驻：解下马鞍，短暂停留。
6. 初程：指初次到扬州。
7. 清角：清越的号角。

我来试一试

为了感悟文言文的语言魅力，学校将举行"趣味文言文"知识竞赛。你即将作为班级代表参加此次比赛，以下是你从网上下载的文言文实词释义的相关资料，其中有五处字词解释错误，请你找出并修改。

1. 曲在赵：弯曲。
2. 渺渺兮予怀：悠远的样子。
3. 纵一苇之所如：放任。
4. 间至赵矣：中间。
5. 越国以鄙远：把……当作边邑。
6. 引相如去：牵、拉。
7. 如其礼乐：如果。
8. 郯子之徒：同类的人。
9. 舍瑟而作：放下。
10. 焉用亡郑以陪邻：陪伴。
11. 善假于物：外物，指各种客观条件。
12. 虫集冠上：聚集。

参考答案：

【我来测一测】

【答案】B

第三章 虚词

我来测一测

阅读下面的文字，完成习题。（本题2分）

谷雨是春天的最后一个节气。据传说，轩辕黄帝的史官仓颉创造出了中国最原始的象形文字。上苍因仓颉造字而感动，为其降下一场谷子雨，这就是"谷雨"的由来。把这一天定为联合国中文日，是为了纪念传说中"中华文字始祖"仓颉造字的贡献。

下列句子中的"其"和文中画波浪线处的"其"，用法相同的一项是（　　）

A. 其闻道也固先乎吾　　B. 其皆出于此乎
C. 吾其还也　　　　　　D. 其可怪也欤

我的得分为_____分

我来看一看

常用虚词一览表

虚词	词性	用法	句子
1. 而	连词	表并列关系，一般不译，有时可译为"又"和"与"	非诸侯而何 授之书而习其句读者 侣鱼虾而友麋鹿 蟹六跪而二螯

续表

虚词	词性	用法	句子
1. 而	连词	表转折关系，可译为"但是""却"	小学而大遗 青，取之于蓝，而青于蓝 狗彘食人食而不知检，涂有饿莩而不知发 逝者如斯，而未尝往也
		表递进关系，可译为"并且""而且"	吾从而师之 君子博学而日参省乎己
		表承接关系，可译为"就""接着"，或不译	舍瑟而作 人非生而知之者，孰能无惑 锲而不舍 羽化而登仙 或百步而后止，或五十步而后止 行十日十夜而至于郢
		表修饰关系，连接状语或中心语，可译为"地""着"，或不译	子路率尔而对曰 则群聚而笑之 吾尝终日而思矣 扣舷而歌之 提刀而立 肩膊而居
		表因果关系，可译为"因此""因而"	积善成德，而神明自得，圣心备焉 耳得之而为声，目遇之而为色
	代词	通"尔"，用作代词，第二人称，可译为"你的"；偶尔也作主语，译为"你"	某所，而母立于兹 而翁归，自与汝复算耳 字而幼孩，遂而鸡豚
2. 乃	副词	表承接，表示前后两件事在情理上的顺承或时间上的紧接，可译为"才""就""于是"等	设九宾于廷，臣乃敢上璧 秦王恐其破璧，乃辞谢，固请
		表转折，可译为"却""竟然""反而"等	今其智乃反不能及 今君乃亡赵走燕

续表

虚词	词性	用法	句子
3. 乎	助词	表疑问语气，可译为"吗""呢""呀"	而又何羡乎 技盖至此乎
		表反问语气，可译为"吗""么""呢"	夫庸知其年之先后生于吾乎 此非曹孟德之困于周郎者乎 臣以为布衣之交尚不相欺，况大国乎
		表揣测或商量语气，可译为"吧""吗"	其皆出于此乎
		用于感叹句或祈使句，可译为"啊""呀""吧""呢"，或不译	嗟乎！师道之不传也久矣
		用于形容词词尾，可译为"……的样子""……地"，或不译	恢恢乎其于游刃必有余地矣 浩浩乎如冯虚御风 飘飘乎如遗世独立
	介词	表示动作发生的时间，可译为"在""从""到"	摄乎大国之间 生乎吾前 相与枕藉乎舟中
		表示比较，可译为"比"	以吾一日长乎尔，毋吾以也 其闻道也固先乎吾 进乎技矣
		相当于"于""对"	君子博学而日参省乎己 依乎天理
4. 其	代词	第三人称代词，作为领属性定语，可译为"他的""它的"（包括复数）	夫庸知其年之先后生于吾乎 臣从其计，大王亦幸赦臣
		第三人称代词，作为主谓短语中的小主语，可译为"他""它"（包括复数）	其闻道也固先乎吾 秦王恐其破璧 方其破荆州
		指示代词，可译为"那""那个""那些""那里"或"这""这里"	其为惑也，终不解矣 其声呜呜然

续表

虚词	词性	用法	句子
4. 其	代词	加强揣测语气，可译为"恐怕""或许""大概""可能"	其皆出于此乎 若是，则与吾业者其亦有类乎
		表婉商或希望语气，可译为"还是"	吾其还也
		加强反问语气，可译为"难道""怎么"	其可怪也欤
5. 何	疑问代词	单独作谓语，问原因，后面常带语气助词"哉""也"，可译为"为什么""什么原因"	何者？严大国之威以修敬也 邻国之民不加少，寡人之民不加多，何也
		作动词或介词的宾语，可译为"哪里""什么"，译时，"何"要前置	君何以知燕王 何为其然也 何以知之
		作为定语，可译为"这""那""什么"	是何异于刺人而杀之
	语气助词	表示疑问或反问，可译为"怎么样""怎么办""为什么"	夫子何哂由也
	复音虚词	何以："以何"，介词结构，用于疑问句中作状语，可译为"用什么""凭什么"等	君何以知燕王 何以解忧？唯有杜康
6. 为	动词	表示动作、行为，可译为"做""作为"等	为国以礼 吾见其难为 卒相与欢，为刎颈之交 冰，水为之，而寒于水 赵王窃闻秦王善为秦声
		表判断，可译为"是"	为赵宦者令缪贤舍人

续表

虚词	词性	用法	句子
6. 为	介词	介绍动作行为的主动者,用在被动句中,有时跟"所"结合,构成"为所"或者"为……所"格式,可译为"被"	遂为猾胥报充里正役
		介绍原因或目的,可译为"为了""因为""因此"	视为止,行为迟 提刀而立,为之四顾,为之踌躇满志
		介绍涉及的对象,可译为"替""给"	请以赵十五城为秦王寿 于是秦王不怿,为一击缶 庖丁为文惠君解牛
7. 以	介词	表动作、行为所用或所凭借的工具、方法及其他,可译为"用""拿""把""凭借"等	加之以师旅 愿以十五城请易璧 以乱易整,不武 若亡郑而有益于君,敢以烦执事
		引进行为动作的原因,可译为"因为""由于"	以其无礼于晋 赵王岂以一璧之故欺秦邪
	连词	表承接关系,可译为"而"	举匏樽以相属
		表目的,可译为"来""用来"等	如其礼乐,以俟君子 余嘉其能行古道,作《师说》以贻之 焉用亡郑以陪邻 阙秦以利晋,唯君图之 垣墙周庭,以当南日
		表修饰关系	而木之性日以离矣
		表因果关系,常用在表示原因的分句前,可译为"因为"	以吾一日长乎尔 以先国家之急而后私仇也 晋侯、秦伯围郑,以其无礼于晋

续表

虚词	词性	用法	句子
8. 于	介词	介绍动作行为发生的时间、处所、所涉及的对象，可译为"在""在……方面""在……中""向""到""自""从""跟""对""对于""给""由于"等	苏子与客泛舟于赤壁之下 其皆出于此乎 虽然，每至于族 于其身也，则耻师焉 学于余 君子生非异也，善假于物也 而刀刃若新发于硎
		放在形容词后，表示比较，一般可译为"比"，有时可译为"胜过"	夫庸知其年之先后生于吾乎 长于臣 而青于蓝
		放在动词之后，引进行为的主动者，可译为"被"，有时动词前还有"见""受"等字和它相应	不拘于时 此非孟德之困于周郎者乎 臣诚恐见欺于王而负赵 而君幸于赵王
9. 且	连词	表递进关系，可译为"况且""而且""再说"等	且以一璧之故逆强秦之欢，不可 且君尝为晋军赐矣
		表让步关系，可译为"尚且""还""虽然""即使""但是""不过"	吾小人辍飧饔以劳其吏者，且不得暇 其出人也远矣，犹且从师而问焉
	副词	表示动作行为将要发生，可译为"将""将要""马上"	且为之奈何 若属皆且为所虏
10. 所	结构助词	所+动词，组成名词性短语，表示"所……的人""所……的事物""所……的情况"	道之所存，师之所存也 浩浩乎如冯虚御风，而不知其所止 所见者无非牛者 宋所谓无雉兔鲋鱼者也 君之所知也
		"所"字结构作定语	举所佩玉玦以示之者三 和氏璧，天下所共传宝也

续表

虚词	词性	用法	句子
10. 所	结构助词	"所以"固定结构，常用来表示"用来……的""……的原因"等	师者，所以传道受业解惑也 臣所以去亲戚而事君者 吾知所以距子矣
11. 则	连词	表承接关系，可译为"就""便"，或译为"原来是""已经是"	故木受绳则直，金就砺则利 河内凶，则移其民于河东
		表分句之间是并列关系，"则"都用在意思相对、结构相似的一个分句里，可译为"就"，或不译	位卑则足羞，官盛则近谀
		表示转折、让步关系，可译为"可是""却"	于其身也，则耻师焉，惑矣
12. 者	助词	指人、物、事、时、地等，可译为"……的""……的(人、事、物)"	古之学者必有师 未尝有坚明约束者也
		放在后置的定语后面，相当于"的"	求人可以报秦者
		放在主语后面，引出判断，不译	师者，所以传道受业解惑也 廉颇者，赵之良将也
		放在分句的句末，引出原因	臣所以去亲戚而侍君者
		用在句中，表停顿	不复挺者，𫐓使之然也
13. 因	介词	可译为"依靠""凭借"	因人之力而敝之
		可译为"趁着""趁此"	不如因而厚遇之
		可译为"通过""经由"	因宾客至蔺相如门谢罪
	副词	可译为"于是""就""因而"	相如因持璧却立 因舍其名，亦自谓"橐驼"云
	动词	可译为"沿袭""继续"	加之以师旅，因之以饥馑

续表

虚词	词性	用法	句子
14. 之	代词	第三人称代词，可以代人、事、物，相当于"他（们）""她（们）""它（们）"等，有时灵活运用于第一人称或第二人称	人非生而知之者 作师说以贻之 锲而舍之 倚歌而和之 子墨子闻之
		指示代词，可译为"这""这样""此"	巫医乐师百工之人 郯子之徒 为之奈何
		放在定语和中心语之间，相当于"的"	古之学者必有师 不如须臾之所学也 非蛇鳝之穴无可寄托者 察邻国之政 攻城之机变
		用于主语和谓语之间，取消句子的独立性，不译	师道之不传也久矣 哀吾生之须臾 臣之壮也，犹不如人 寡人之于国也，尽心焉耳矣 臣以王吏之攻宋也 欲勿予，即患秦兵之来
		放在倒置的动（介）宾短语之间，作为宾语前置的标志	句读之不知，惑之不解 夫晋，何厌之有 宋何罪之有
		放在倒置的定语与中心语之间，作为定语后置的标志	蚓无爪牙之利，筋骨之强 凌万顷之茫然
		用在时间词或动词（多为不及物动词）后面，凑足音节，无实在意义	六艺经传皆通习之 填然鼓之

续表

虚词	词性	用法	句子
15. 也	助词	表判断，一般译为"是""就是"	廉颇者，赵之良将也 项脊轩，旧南阁子也 师者，所以传道受业解惑也
		用在句中或句末，表肯定、感叹语气	不知将军宽之至此也 吾与点也
	语气词	用在句末，表疑问或反诘语气	何为其然也 邻国之民不加少，寡人之民不加多，何也
		句中语气词，表停顿	其闻道也亦先乎吾 师道之不传也久矣

我来试一试

为了进一步提高学生的古文阅读水平和人文素养，丰富校园文化生活，班级将举办"文言文快乐阅读"系列活动。作为语文课代表，你要带领同学们完成文言文虚词的整理。以下是同学们提出的问题，请你帮他们一起解决。

1. 下列各句中"之"的意义，与其他三项不相同的是（　　）
A. 善刀而藏之　　　　　B. 作《师说》以贻之
C. 填然鼓之　　　　　　D. 不复挺者，輮使之然也

2. 下列各句中"于"的用法，与其他三项不相同的是（　　）
A. 师不必贤于弟子　　　B. 苏子与客泛舟游于赤壁之下
C. 于其身也　　　　　　D. 学于余

3. 下列各句中"以"的用法，与其他三项不相同的是（　　）
A. 加之以师旅　　　　　B. 以乱易整
C. 焉用亡郑以陪邻　　　D. 愿以十五城请易璧

4. 下列各句中"者"的用法，与其他三项不相同的是（　　）
A. 暮春者，春服既成　　B. 廉颇者，赵之良将也

C. 假舟楫者非能水也　　　D. 蔺相如者，赵人也

5. 下列各句中"为"的用法，与其他三项不相同的是（　　）

A. 遂为猾胥报充里正役　　B. 请以赵十五城为秦王寿

C. 庖丁为文惠君解牛　　　D. 为国以礼

参考答案：

【我来测一测】

【答案】A

第四章 通假字

我来测一测

了解和掌握相当数量的通假字,学会通假字的辨认方法,对于提高文言文阅读能力是十分重要的。为此,小孟同学积极整理了书本上的通假字。请你找出下列各句中的通假字,写出所通之字,并解释。(每题2分,共6分)

1. 浩浩乎如冯虚御风,而不知其所止。(　　　　　　)
2. 彼童子之师,授之书而习其句读者,非吾所谓传其道解其惑者也。(　　　　　　)
3. 君子生非异也,善假于物也。(　　　　　　)

我的得分为_____分

我来看一看

一、基础知识

通假字是文言文中较为常见的用字现象。中学课本里讲的通假字包括三类:通用字、假借字、古今字。凡两个读音相同或相近,意义也相通的字,古代可以写这个,也可以写那个,叫作通用。如"反"通"返","知"通"智"。凡两个读音相同或相近而意义毫不相干的字,古代有时可以借代,叫作假借。如"蚤"通"早","直"通"值"。古代只有某一个字,后来为了把古字所表示的几个概念用不同的字形来区别,造出一个或几个今字,让原来的古字专门表示另一个或另几个概念,叫作古今字。如"莫"和"暮","益"和"谥"。

二、通假字集录

(一)《诗经·伐檀》

1. 寘之河之干兮。("寘"通"置",放置)

2. 胡取禾三百廛兮。("廛"通"缠","三百缠"就是三百束)

3. 胡瞻尔庭有县貆兮。("县"通"悬",悬挂)

4. 胡取禾三百亿兮。("亿"通"繶",意思同"缠")

(二)《诗经·无衣》

与子同泽。("泽"通"襗",贴身的内衣)

(三)《种树郭橐驼传》

1. 以致其性焉尔。("尔"通"耳",罢了)

2. 既然已。("已"通"矣",了)

3. 早缫而绪。("而"通"尔",你们的)

4. 字而幼孩。("而"通"尔",你们的)

(四)《念奴娇·赤壁怀古》

1. 早生华发。("华"通"花",花白的)

2. 一尊还酹江月。("尊"通"樽",酒杯)

(五)《促织》

1. 昂其直。("直"通"值",价钱)

2. 两股间脓血流离。("流离"通"淋漓",形容湿淋淋地往下滴的样子)

3. 手裁举。("裁"通"才",刚刚)

4. 翼日进宰。("翼"通"翌","翌日"就是第二天)

5. 虫跃去尺有咫。("有"通"又",再)

6. 而高其直。("直"通"值",价钱)

7. 牛羊蹄躈各千计。("躈"通"噭",口)

8. 而翁归。("而"通"尔",你,你的)

9. 如被冰雪。("被"通"披",覆盖)

（六）《子路、曾晳、冉有、公西华侍坐》

1. 鼓瑟希，铿尔，舍瑟而作。（"希"通"稀"，指音乐渐渐低缓）

2. 莫春者，春服既成。（"莫"通"暮"，晚）

3. 唯求则非邦也与？（"与"通"欤"，句末语气助词，表示疑问，吗）

（七）《寡人之于国也》

1. 则无望民之多于邻国也。（"无"通"毋"，不要）

2. 颁白者不负戴于道路矣。（"颁"通"斑"，斑白）

3. 涂有饿莩而不知发（"涂"通"途"，道路；"莩"通"殍"，饿死的人）

（八）《劝学》

1. 木直中绳，𫐓以为轮。（"𫐓"通"煣"，用火烘烤木材使之弯曲，使……弯曲）

2. 虽有槁暴，不复挺者。（"有"通"又"，再，更；"暴"通"曝"，晒，晒干）

3. 𫐓使之然也。（"𫐓"通"煣"，用火烘烤木材使之弯曲，使……弯曲）

4. 则知明而行无过矣。（"知"通"智"，智慧，见识）

5. 君子生非异也，善假于物也。（"生"通"性"，天性）

（九）《公输》

1. 公输盘不说。（"说"通"悦"，高兴）

2. 子墨子九距之。（"距"通"拒"，抵挡）

3. 知而不争。（"争"通"诤"，劝谏）

4. 邻有短褐而欲窃之。（"短"通"裋"，粗劣的衣服）

5. 子墨子之守圉有余。（"圉"通"御"，抵挡）

6. 公输盘诎。（"诎"通"屈"，办法穷尽）

(十)《庖丁解牛》

1. 足之所履,膝之所踦。("踦"通"倚",用膝抵住)
2. 砉然向然,奏刀騞然。("向"通"响",响声)
3. 技盖至此乎?("盖"通"盍",何,怎样)
4. 批大郤,导大窾。("郤"通"隙",空隙)
5. 技经肯綮之未尝。("技"通"枝",枝脉)
6. 善刀而藏之。("善"通"缮",修治,文中指揩拭)

(十一)《师说》

1. 师者,所以传道受业解惑也。("受"通"授",教授,传授)
2. 彼童子之师,授之书而习其句读者。("读"通"逗",句子中间需要稍稍停顿的地方)
3. 或师焉,或不焉。("不"通"否",指不从师学习)

(十二)《诗经·静女》

1. 爱而不见,搔首踟蹰。("爱"通"薆",隐藏;"见"通"现",出现)
2. 说怿女美。("说"通"悦",高兴;"女"通"汝",你)
3. 自牧归荑。("归"通"馈",赠送)
4. 匪女之为美。("匪"通"非",表示否定;"女"通"汝",你)

(十三)《短歌行》

1. 山不厌高,海不厌深。("厌"通"餍",满足)
2. 契阔谈䜩。("䜩"通"宴",指宴饮、宴会)

(十四)《春江花月夜》

1. 可怜楼上月裴回。("裴回"通"徘徊",指月光偏照闺楼,徘徊不去,令人不胜其相思之苦)
2. 鱼龙潜跃水成文。("文"通"纹",波纹)

(十五)《国殇》

1. 操吴戈兮被犀甲。("被"通"披",身披)
2. 霾两轮兮絷四马。("霾"通"埋",埋在)
3. 出不入兮往不反。("反"通"返",返回)

(十六)《烛之武退秦师》

1. 今老矣,无能为也已。("已"通"矣",语气词,了)
2. 共其乏困。("共"通"供",供给)
3. 夫晋,何厌之有。("厌"通"餍",满足)
4. 若不阙秦,将焉取之。("阙"通"缺",侵损,消减)
5. 秦伯说,与郑人盟。("说"通"悦",高兴)
6. 失其所与,不知。("知"通"智",明智)

(十七)《廉颇蔺相如列传》

1. 肉袒伏斧质请罪。("质"通"锧",铁砧)
2. 秦王以十五城请易寡人之璧,可予不?("不"通"否",表疑问语气)
3. 臣愿奉璧往使。("奉"通"捧",用手托)
4. 拜送书于庭。("庭"通"廷",国君听政的朝堂)
5. 召有司案图。("案"通"按",审察,察看)
6. 设九宾于廷。("宾"通"傧",导引宾客者)
7. 秦自缪公以来。("缪"通"穆")
8. 与群臣孰计议之。("孰"通"熟",仔细)
9. 请奉盆缻秦王。("缻"通"缶",瓦制的打击乐器)

(十八)《将进酒》

1. 径须沽取对君酌。("沽"通"酤",买酒)
2. 与尔同销万古愁。("销"通"消",排遣)

(十九)《赤壁赋》

1. 举酒属客。("属"通"嘱",劝请)
2. 浩浩乎如冯虚御风。("冯"通"凭",乘)

3. 山川相缪。("缪"通"缭",盘绕,围绕)

4. 举匏樽以相属。("属"通"嘱",劝请)

5. 肴核既尽,杯盘狼籍。("籍"通"藉",凌乱)

(二十)《项脊轩志》

而母立于兹。("而"通"尔",你的)

(二十一)《破阵子》

元是今朝斗草赢。("元"通"原",原来)

(二十二)《七律二首 送瘟神》

千村薜荔人遗矢。("矢"通"屎",大便,粪)

(二十三)《桂枝香·金陵怀古》

谩嗟荣辱。("谩"通"漫",徒然)

(二十四)《书愤》

早岁那知世事艰。("那"通"哪",哪里)

我来试一试

下面是同学小凌所做的通假字整理单,请选出每一题的正确选项,并做解析。

1. 下列各句中,没有使用通假字的是（　　）
A. 浩浩乎如冯虚御风　　B. 君子生非异也
C. 若使烛之武见秦君　　D. 或师焉,或不焉

2. 下列各句中,没有使用通假字的是（　　）
A. 爱而不见,搔首踟蹰　　B. 客喜而笑
C. 山不厌高　　D. 师者,所以传道受业解惑也

3. 下列各句中,没有使用通假字的是（　　）
A. 或师焉,或不焉　　B. 苟非吾之所有
C. 鼓瑟希,铿尔　　D. 君子生非异也

4. 下列各句中，没有使用通假字的是　　　　　（　）
   A. 吾不能早用子　　　　B. 足之所履，膝之所踦
   C. 则知明而行无过矣　　D. 唯大王与群臣孰计议之
5. 下列各句中，没有使用通假字的是　　　　　（　）
   A. 设九宾于廷　　　　　B. 授之书而习其句读者
   C. 今老矣，无能为也已　D. 吾尝终日而思矣
6. 下列各句中，没有使用通假字的是　　　　　（　）
   A. 唯求则非邦也与　　　B. 瞻顾遗迹
   C. 或师焉，或不焉　　　D. 善刀而藏之

参考答案：

【我来测一测】
1. "冯"通"凭"，乘。
2. "读"通"逗"，句子中间需要稍稍停顿的地方。
3. "生"通"性"，天性。

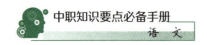

第五章　词类活用

我来测一测

词类活用是文言文学习的重要内容，找出下列各句中活用的字，写出活用类型并解释。（每题 2 分，共 6 分）

1. 异乎三子者之撰。（_____，活用类型是_____，解释是_____。）

2. 君子博学而日参省乎己。（_____，活用类型是_____，解释是_____。）

3. 吾义固不杀人。（_____，活用类型是_____，解释是_____。）

我的得分为_____分

我来看一看

基础知识

词类活用是指某些实词在特定的语言环境中，临时具有的某种新的语法功能。这些词按照一定的语言习惯被灵活运用，比较常见的是：名词活用作状语、名词活用作动词、动词活用作名词、形容词活用作名词、形容词活用作动词、使动用法、意动用法、为动用法等。

（一）　名词活用作状语

现代汉语中名词一般是不直接用作状语修饰谓语动词的，但在文言文中有些名词经常用在动词、形容词前面作状语，起修饰、限制作用。

句子	词义	句子	词义
旦视而暮抚	旦，在早上；暮，在晚上	而木之性日以离矣	一天天
大江东去	向东	樯橹灰飞烟灭	灰，像灰一样；烟，像烟一样
岁征民间	每年	得佳者笼养之	用笼子
早出暮归	早，在早上；暮，在晚上	取儿藁葬	用草席（裹）
日与子弟角	每天	力叮不释	用力
民日贴妇卖儿	每天	时村中来一驼背巫	这时
涂有饿莩而不知发	在路上	君子博学而日参省乎己	每天
上食埃土，下饮黄泉	上，向上；下，向下	则群聚而笑之	成群地
左骖殪兮右刃伤	被兵刃	既东封郑，又欲肆其西封	东，在东边；西，在西边
夜缒而出	在晚上	朝济而夕设版焉	朝，在早上；夕，在晚上
西望夏口	向西	东望武昌	向东
乌鹊南飞	向南	寄蜉蝣于天地	像蜉蝣一样
良庖岁更刀	每年	族庖月更刀	每月
赢得仓皇北顾	向北	奉璧西入秦	向西
而相如廷斥之	在朝廷上	怒发上冲冠	向上
间至赵矣	从小路	朝如青丝暮成雪	朝，在早上；暮，在晚上
吾妻死之年所手植也	亲自	雨泽下注，使不上漏	下，朝下；上，从上面
前辟四窗	向前	又北向	朝北
东犬西吠	朝西		

(二) 名词活用作动词

文言文中名词出现以下几种现象，就是名词活用作动词。

1. 名词后面跟宾语。例如：七十者衣帛食肉。(《寡人之于国也》)(衣：穿)

2. 名词前面有能愿动词(能、可、应、欲等)。例如：假舟楫者，非能水也，而绝江河。(《劝学》)(水：游泳)

3. 名词前面有副词。例如：君子不齿。(《师说》)(齿：提起)

4. 名词后面跟补语。例如：况吾与子渔樵于江渚之上。(《赤壁赋》)(渔樵：捕鱼砍柴)

句子	词义	句子	词义
病瘘	患……病	名我固当	称呼
早实以蕃	结果实	甚者爪其肤以验其生枯	用指甲抠
移之官理可乎	做官	见长人者	治理
而卒以祸	受到祸害	传其事以为官戒	作传
不知始何名	叫	其筑欲密	用杵捣
其莳也若子	抚育子女	根拳而土易	蜷缩
吾小人辍飧饔以劳吏者，且不得暇	飧，吃晚饭；饔，吃早饭	羽扇纶巾	羽扇，手摇羽扇；纶巾，头戴纶巾
故乡人号之"驼"	称呼	旬余杖至百	用杖打
试使斗而才	有才能，勇敢善斗	上于盆而养之	装、放置
大喜笼归	用笼子装	自名"蟹壳青"	命名
儿涕而去	流着泪	故天子一跬步	走半步
细疏其能	陈述	独是成氏子以蠹贫，以促织富	贫，变穷；富，变富
裘马过世家焉	裘，穿着皮衣；马，骑着马	仙及鸡犬	成仙

续表

句子	词义	句子	词义
端章甫	端，穿礼服；章甫，戴礼帽	诏赐抚臣名马衣缎	下诏
三子者出，曾皙后	走在后面	风乎舞雩	吹风
冠者五六人	戴帽子	鼓瑟希	弹奏
七十者衣帛食肉	穿	然而不王者	为王
王无罪岁	归咎、归罪	树之以桑	种植
填然鼓之	击鼓	狗食人食而不知检	吃
吾既已言之王矣	告诉	假舟楫者，非能水也	游泳
在宋城上而待寇矣	入侵	吾义固不杀人	坚守道义
或师焉	从师学习	师道之不传也久矣	从师
吾师道也	学习	其下圣人也亦远矣	低于
不耻相师	学习	鼓瑟吹笙	弹
于其身也，则耻师焉	从师学习	身既死兮神以灵	显灵
君子不齿	看不起	与郑人盟	订立盟约
带长剑兮挟秦弓	佩带	相如视秦王无意偿赵城，乃前曰	上前
晋军函陵，秦军氾南	驻军	舍相如广成传舍	安置住宿
唯君图之	考虑	左右欲刃相如	用刀杀
尚能饭否	吃饭	赵王鼓瑟	弹奏
足之所履	踩	以赵十五城为秦王寿	向人敬酒或献礼
乃使从者衣褐	穿	于是相如前进缶	走上前
怀其璧	怀揣着	相如每朝时	上朝
臣乃敢上璧	献上	顺流而东也	向东进军
臣语曰	告诉	歌窈窕之章	唱歌

续表

句子	词义	句子	词义
臣所以去亲戚而事君者	侍奉	客逾庖而宴	用饭
下江陵	攻占	吾家读书久不效	取得效果
渔樵于江渚之上	打鱼砍柴	雨泽下注	下雨
乳二世	抚养	无边落木萧萧下	落下
执此以朝	上朝	垣墙周庭	砌

（三）动词活用作名词

文言文中动词往往用作句子的主语或宾语，有时又受"其""之"等词语修饰限制，这就使它具有了名词的特点。

句子	词义	句子	词义
凡长安豪富人为观游及买果者	园林游览	或移徙	移栽的树
异乎三子者之撰	为政的才能	是使民养生丧死无憾也	生，活着的人；死，死去的人
请以战喻	战争	公输盘九设攻城之机变	巧妙的方式
视为止，行为迟	视，目光；行，行为	且君尝为晋君赐矣	恩惠
未尝有坚明约束者也	盟约		

（四）形容词活用作名词

文言文中，当形容词担任主语或宾语时，它已不再表示事物的性质或特征，而是表示具有某种性质或特征的人或事物。

句子	词义	句子	词义
蟹白栗黄	白，白肉；黄，黄粉	成述其异	奇特的本领

续表

句子	词义	句子	词义
赤也为之小，孰能为之大	小，小事；大，大事	比及三年，可使有勇	勇气
登高而招	高处	积善成德	善行、善事
义不杀少而杀众	少，少量的人；众，众多的人	是古圣益圣，愚益愚	圣，圣人；愚，愚人
孰能无惑	疑惑的问题	无长无少	长，年龄大的人；少，年龄小的人
无贵无贱	贵，地位高的人；贱，地位低的人	击空明兮溯流光	指月光下的清波
小学而大遗	小，小的方面；大，大的方面	宁许以负秦曲	理亏之责
以无厚入有间	有厚度的刀刃	越国以鄙远	边远的地方
臣之壮也	壮年	而绝秦赵之欢	友好关系
共其乏困	缺少的物资	多可喜，亦多可悲	喜，高兴的事；悲，悲伤的事
守拙归园田	愚拙的本性	所以传道受业解惑也	疑难问题
位卑则足羞，官盛则近谀	位卑，地位卑贱的人；官盛，官位高的人	其为惑也，终不解矣	疑难问题

（五）形容词活用作动词

文言文中，当形容词直接带宾语时，它不再表示事物性质，而是表示相应的动作行为或变化发展。

句子	词义	句子	词义
橐驼非能使木寿且孳也	活得长久	则其天者全而其性得矣	保全
薄产累尽	赔尽	近抚之	靠近
有华阴令欲媚上官	献媚巴结	而心目耳力俱穷	用尽

续表

句子	词义	句子	词义
谨庠序之教	认真从事	故木受绳则直	变直
犀兕麋鹿满之	充满	去日苦多	苦于
惑而不从师	有了疑难问题	邻之厚，君之薄也	厚，变厚；薄，变薄
因人之力而敝之	损害	渺沧海之一粟	渺小得像……
正襟危坐	整理	严大国之威以修敬也	尊重，敬畏
不知东方之既白	变白	不知将军宽之至此也	宽容
矢交坠兮士争先	领先	钟鼓馔玉不足贵	看重
严大国之威以修敬	尊重		

（六）使动用法

使动用法是指谓语动词具有"使宾语怎么样"的意思，它是用动宾结构来表达使令式的内容。使动用法也就是主语使宾语在客观上产生某种动作行为，此时谓语动词表示的动作不是主语发出的，而是宾语发出的。文言文中，主要是由动词、形容词或名词来构成使动用法。

句子	词义	句子	词义
以致其性焉尔	使……达到	非有能硕茂之也	使……硕大茂盛
非有能早而蕃之也	早，使……结果早；蕃，使……结果多	鸣鼓而聚之	鸣，使……发出响声；聚，使……聚集
又何以蕃吾生而安吾性耶	蕃，使……繁衍生息；安，使……安定	见长人者好烦其令	使……繁多
遂而鸡豚	使……顺利地成长	以致其性焉尔	使……达到
昂其直	使……高	辄倾数家之产	使……倾尽

续表

句子	词义	句子	词义
欲居之以为利而高其直	使……高	不如拼搏一笑	使……拼搏
可使足民	使……富	则移其民于河东	使……迁移
輮以为轮	使……弯曲	非利足也	使……快
授之书而习其句读者	使……学习	天下归心	使……归顺
阙秦以利晋	使……得利	若不阙秦	使……削减
若亡郑而有益于君	使……灭亡	烛之武退秦师	使……退却
舞幽壑之潜蛟	使……起舞	泣孤舟之妇	使……哭泣
完璧归赵	使……完好无缺	秦王恐其破璧	使……破碎
宁许以负秦曲	使……承担	毕礼而归之	使……完毕
毕礼而归之	使……回去	归璧于赵	使……回去
以绝秦望	使……断绝	蔺相如固止之	使……停止
艰难苦恨繁霜鬓	使……增多		

（七）意动用法

意动用法是指将某些词用作动词来充当谓语，表示的动作属于主观上的感觉、看待或评价。意动用法也就是主语"认为（以为）宾语怎么样"或者"把宾语当什么"。文言文中，主要是由名词或形容词来构成意动用法。

句子	词义	句子	词义
驼业种树	以……为职业	成然之	认为……是对的
成以其小劣之	认为……劣/差	益奇之	认为……奇特
吾从而师之	以……为师	孔子师郯子	以……为师

续表

句子	词义	句子	词义
而耻学于师	以……为耻	于其身也，则耻师焉	以……为耻
不耻相师	以……为耻	越国以鄙远	以……为边邑
既东封郑	以……为疆界	侣鱼虾而友麋鹿	侣，以……为伴侣；友，以……为朋友
吾羞，不忍为之下	以……为羞耻	先国家之急而后私仇也	先，以……为先；后，以……为后
且庸人尚羞之	以……为羞耻		

（八）为动用法

为动用法与使动用法、意动用法一样，是一种特殊的动宾关系，也是文言文中常见的一种语法现象。为动用法表示"主语为宾语怎么样"，谓语可以由动词、形容词或活用的名词充当。

句子	词义	句子	词义
其培之也	为……培土	忧之太勤	为……担忧
虽曰忧之	为……担忧	传其事以为官戒也	为……作传
是使民养生丧死无憾也	为……办丧事	君不见高堂明镜悲白发	为……悲伤

（九）数词活用作形容词、动词或名词

1. 数词活用作形容词。
用心一也：用心专一。
2. 数词活用作动词。
且贰于楚也：从属二主。
3. 数词活用作名词。
庭中通南北为一：一体。

第二编 文言文阅读

我来试一试

1. 老师手持一卷泛黄的古籍，缓缓步入教室，他轻轻展开书页，指着上面的文字，对学生们说："同学们，看这里，'春风又绿江南岸'中的'绿'是一个形容词，但在诗句中被用作了动词，意思是'吹绿了'。这种词汇活用的技巧使得整个句子生动形象，富有动态美。"词汇活用在古代诗文中比较常见。请同学们找出下列句子中的活用词，并体会其妙处。

《赤壁赋》舞幽壑之潜蛟（　　　　　　　　　　）

《劝学》上食埃土，下饮黄泉（　　　　　　　　）

《促织》有华阴令欲媚上官（　　　　　　　　　）

《廉颇蔺相如传》左右欲刃相如（　　　　　　　）

2. 班级开展"文言文中的词类活用"专题学习活动。以下内容节选自小明同学的笔记。请对小明同学的笔记进行修正并补充完整。

名词活用作动词：
（1）病瘘：患病。　　　　　（2）甚者爪其肤以验其生枯：
（3）风乎舞雩：　　　　　　（4）晋军函陵，秦军汜南：
（5）昂其直：
形容词活用作名词：
（1）积善成德：善行。　　　（2）共其乏困：缺少的物资。
（3）击空明兮溯流光：　　　（4）小学而大遗：
（5）钟鼓馔玉不足贵：贵重的东西。

参考答案：

【我来测一测】

1. 撰，活用类型是动词活用作名词，解释是讲述，一说才能。

2. 日，活用类型是名词活用作状语，解释是每天。

3. 义，活用类型是名词活用作动词，解释是坚持道义。

第六章　古今异义

我来测一测

以下句子中的加点词语在今天使用得依然频繁。联系具体的交流语境，体会词语的古今差异，完成下列习题。（每题2分，共6分）

1. 余久卧病无聊。（古义：_____；今义：_____）

2. 凌万顷之茫然。（古义：_____；今义：_____）

3. 师者，所以传道受业解惑也。（古义：_____；今义：_____）

我的得分为_____分

我来看一看

一、基础知识

古今异义现象是由于社会发展引发语言流变和古今语言习惯不同而产生的。变化的情况可以分为三种：古今词义范围的差异（扩大、缩小、转移）；古今词义感情色彩不同；古今词义程度轻重不同。

二、古今异义词一览表（句中加点词为古今异义词）

（一）《伐檀》

句子	古义	今义
彼君子兮	地位高的人，文中是反语	人格高尚的人
不素餐兮	白吃，指不劳而食	素的饭食

（二）《无衣》

句子	古义	今义
王于兴师	军队	老师

（三）《种树郭橐驼传》

句子	古义	今义
故乡人号之"驼"	所以乡里	指家乡
既然已	已经这样	连词，表示先提示前提而后加以推论
去不复顾	离开	与"来"相对
不抑耗其实而已	其，它们；实，名词活用为动词，结果实	承上文转折，表示所说的是实际情况
若不过焉则不及	不是过多	连词，表转折，只是
其实害之	其，这；实，实际上	承上文转折，表示所说的是实际情况
字而幼孩	抚育	用来记录语言的符号
吾小人辍飧饔以劳吏者	地位低下的人，指老百姓	人格卑下的人
故病且怠	困苦	生物体发生不健康的现象
得养人术	治理百姓	养活别人

续表

句子	古义	今义
以致其性焉尔	使……充分发展	连词，用在下半句话的开头，表示下文是上述原因所形成的结果（多指不好的结果）
传其事以为官戒也	把……作为	认为
见长人者好烦其令	管理百姓	身材高的人

(四)《念奴娇·赤壁怀古》

句子	古义	今义
大江东去浪淘尽	长江	泛指流量较大的河流
千古风流人物	有功业，有文采	轻浮放荡
故国神游	指赤壁古战场	历史悠久的国家

(五)《促织》

句子	古义	今义
操童子业	童生	男孩子，泛指儿童
成不敢敛户口	老百姓	户籍
然睹促织隐中胸怀	心中事	胸襟
无出其右者	上	与"左"相对
久不售	考取	买
村中少年好事者驯养一虫	青年男子，与"老年"相对	十二岁到十六岁这一时期
市中游侠儿得佳者笼养之	游手好闲、不务正业的人	行侠仗义的人
两股间脓血流离	大腿	量词
儿涕而去	哭泣、流眼泪	鼻涕
儿涕而去	离开	与"来"相对

续表

句子	古义	今义
民日贴妇卖儿	抵押、典当	粘贴、贴补
帘内设香几	小桌子	表数量
败堵丛草	墙	堵塞

(六)《子路、曾皙、冉有、公西华侍坐》

句子	古义	今义
如或知尔	有的人	表示选择关系的连词,或者
加之以师旅	指侵略的军队	军队编制单位之一
可使有勇,且知方也	道,指是非准则	方法、方向等
比及三年	等到	比较
方六七十,如五六十	或者	如果
如其礼乐	至于	如果
如会同,端章甫	诸侯相见,共同朝见天子	跟有关方面会合起来
端章甫,愿为小相焉	用整幅布做的礼服	极端、端正等
异乎三子者之撰	讲述,一说才能	写作
吾与点也	赞成	常用作关联词
安见方六七十	疑问代词,怎么	安全、安静等

(七)《寡人之于国也》

句子	古义	今义
河内凶	谷物收成不好,荒年	人或动物暴躁,心肠狠
邻国之民不加少	更	增加
或百步而后止	有的人	表选择关系的连词,或者
弃甲曳兵而走	跑,文中指逃跑	人或鸟兽的脚交互向前移动

续表

句子	古义	今义
填然鼓之	拟声词,模拟鼓声	动词,填加
则移其民于河东	黄河	泛指一切河流
数罟不入洿池	密	数目
兵刃既接	兵器、武器	战士
勿夺其时	错过,耽误	夺取
狗食人食而不知检	制止,约束	检查
涂有饿莩而不知发	打开粮仓,赈济百姓	发现,出发
五十者可以无饥矣\七十者可以食肉矣	作为两个词"可"和"以",可以凭借	作为一个词"可以",表示同意、认可
斯天下之民至焉	则,那么	代词,这,此
是使民养生丧死无憾也	供养活着的人	保养身体
然而不王者	然,这样;而,表转折	表转折
王无罪岁	不要归咎	没有犯罪
王无罪岁	年成	年
寡人之于国也	古代皇帝对自己的谦称	形单影只之人
斧斤以时入山林	斧类的砍斫工具	重量单位
不违农时,谷不可胜食	粮食的统称	谷物
非我也,兵也	兵器	军队中最基层人员

(八)《劝学》

句子	古义	今义
劝学	劝勉,鼓励	劝说,规劝
学不可以已	可以让(它)	同意,认可
輮以为轮	把……作为	认为

续表

句子	古义	今义
金就砺则利	金属制的刀剑等	金属，通常指金、银、铜、铁等
君子博学而日参省乎己	广泛地学习	学问广博精深
君子博学而日参省乎己	参验，检验	参加
声非加疾也	强，劲疾	疾病，快
而绝江河	横渡	断绝
而绝江河	长江、黄河	河流
圣心备焉	思想，心怀	心脏
驽马十驾	马拉车一天所走的路程	驾驶
蚓无爪牙之利	爪子和牙齿	坏人的党羽、帮凶
用心一也/用心躁也	因为用心	专心
蟹六跪而二螯	蟹脚	两膝着地
非蛇鳝之穴无可寄托者	容身，托身	把感情、理想、希望等放在某人身上或某种事物上

（九）《公输》

句子	古义	今义
舍其文轩	彩饰	文章
荆之地方五千里	方圆	方形
虽然，公输盘为我为云梯	即使如此	表转折关系的连词
子墨子九距之	多次	数字九
吾知所以距子矣	用来……的方法	表因果关系的连词
请献十金	量词，先秦以二十两为一金	金属，通常指金、银、铜、铁等

(十)《庖丁解牛》

句子	古义	今义
奏刀騞然	进	演奏，取得
乃中《经首》之会	节奏	会合，集合，团体等
依乎天理	牛体的自然结构	常指宋代的理学家所确认的封建伦理道德法则
因其固然	本来的样子	连词
虽然，每至于族	虽然如此，尽管那样	连词
虽然，每至于族	到了	达到某种程度，另提一事
视为止，行为迟	行动因此	受思想支配而表现在外面的活动

(十一)《师说》

句子	古义	今义
古之学者必有师	求学的人	有专门学问的人
所以传道受业解惑也	用来……的	表因果关系的连词
吾从而师之	从，跟从；而，而且，连词	连词，表目的和结果
无贵无贱，无长无少	无论，不论	没有
师道之不传也久矣	风尚	道路、道德等
今之众人	一般人	很多人
或师焉，或不焉	有的人	或许，或者
小学而大遗	小的方面学习	对儿童、少年实施初等教育的学校
圣人无常师	固定	平常，经常，时常
句读之不知	句中稍稍停顿的地方	看字发出声音
是故弟子不必不如师	不一定	事理上或情理上不需要
年十七，好古文	先秦两汉的优秀散文	"五四"之前的文言文

(十二)《短歌行》

句子	古义	今义
明明如月	明亮	表示显然如此
人生几何	多少	几何学
天下归心	使人心归服	回家的念头

(十三)《国殇》

句子	古义	今义
平原忽兮路超远	辽阔渺茫的样子	忽然
首身离兮心不惩	悔恨	惩罚
车错毂兮短兵接	交错相接	错误

(十四)《烛之武退秦师》

句子	古义	今义
以为东道主	东方道路上的主人	泛指主人
行李之往来	出使的人	指外出的人携带的随身物品
微夫人之力	那人	尊称人的妻子
若舍郑以为东道主	把……作为	认为
亦去之	离开	往,到

(十五)《廉颇蔺相如传》

句子	古义	今义
拜为上卿	授予官职,任命	下跪叩头,祝贺
欲勿予,即患秦兵之来	忧虑,担心	害病,灾祸
传以示美人及左右	姬妾	美貌的女子

续表

句子	古义	今义
璧有瑕，请指示王	指给……看	上级对下级或长辈对小辈的要求
布衣之交	平民	用布做的衣服
未尝有坚明约束者也	遵守约定	限制使不超出范围
指从此以往十五都予赵	从这里到那里，指地点	表时间，从前、过去
明年复攻赵	第二年	"今年"的下一年
于是相如前进缶	上前进献	向前行动或发展
左右欲刃相如	左右的侍从	方位词
请以秦之咸阳为赵王寿	向人进酒或献礼	年岁，生命；生日
宣言曰："我见相如，必辱之。"	扬言	表示立场观点的文告
臣所以去亲戚而事君者	内亲外戚，侧重内亲	有婚姻关系或血缘关系的人
鄙贱之人	地位低下，见识浅薄	卑鄙下贱
因宾客至蔺相如门谢罪	门客	客人

(十六)《永遇乐·京口北固亭怀古》《声声慢·冷冷清清》

句子	古义	今义
风流总被雨打风吹去	指杰出不凡的人物及其事迹	指风度
赢得仓皇北顾	落得，剩得	博得，取得
烽火扬州路	宋代的行政区划	道路，路程
这次第，怎一个愁字了得！	第，光景、状况；了得，概括得尽	第，次序；了得，突出，不平常

(十七)《归园田居(其一)》

句子	古义	今义
少无适俗韵	气质,情韵	好听的声音
依依墟里烟	隐约的样子	留恋,不忍分离

(十八)唐诗二首(《将进酒》《登高》)

句子	古义	今义
古来圣贤皆寂寞	默默无闻	孤单冷清
百年多病独登台	文中借指晚年	很多年或很长时期,人的一生,终身
艰难苦恨繁霜鬓	悔恨	仇视,怨恨

(十九)《赤壁赋》

句子	古义	今义
徘徊于斗牛之间	明月停留	人在一个地方来回走动
徘徊于斗牛之间	斗宿和牛宿,都是星宿名	一种竞技方式
白露横江	白茫茫的水汽	二十四节气之一
凌万顷之茫然	旷远的样子	完全不知道的样子
望美人兮天一方	指所思慕的人,古人用来作为圣主贤臣或美好理想的象征	美貌的人

(二十)《项脊轩志》

句子	古义	今义
项脊轩,旧南阁子也	原来的	与"新"相对,过时的
南北为一	整体	最小的正整数

续表

句子	古义	今义
室仅方丈	一丈见方	寺院的住持
往往而是	到处	某情况在一定条件下时常存在或经常发生
凡再变矣	总共	平凡
凡再变也	两次	再一次
每移案，顾视无可置者	桌子	案子
久不见若影	你	如，好像
杂植兰桂竹木于庭	交错	多种多样的
比去，以手阖门	等到	比较，比画，比喻
亦遂增胜	佳景，引申为光彩	胜利
吾妻来归	女子出嫁	返还
始为篱，已为墙	后来，不久	停止
且何谓阁子也	那么	暂且
余自束发	表示成童	扎头发
余久卧病无聊	无所依靠	由于清闲而烦闷

(二十一)《过华清宫绝句三首》（其一）

句子	古义	今义
一骑红尘妃子笑	飞扬的尘土	人世间

我来试一试

1. 在古代与现代的交汇之处，古人与今人或许会就一些词汇的古今异义展开一场有趣的对话。请根据所学的文言知识，将对话补充完整。

古人（疑惑不解）："我今日见您称张三是小人，在我们的时代，小人多指＿＿＿＿＿＿＿＿＿，不知您这是何意啊？"

今人："张三做了很多不道德的事情，品德败坏，大家都说他是小人。"

古人（点头，若有所思）："原来如此。词汇变化如此之大，我要学习的还有很多。您能否再举出几例？"

今人："比如当你感到迷茫或不知所措时，你可以说'我很茫然'。但在你们的时代，'茫然'就不能这样使用。"

古人："苏东坡的《赤壁赋》中就有'＿＿＿＿＿＿＿＿＿'这一句，这里的'茫然'指的是＿＿＿＿＿＿＿＿＿。"

今人："还有'行李'一词。这个词语你们会怎么用呢？"

古人："在我们的时代，这个词指的是＿＿＿＿＿＿＿＿＿，《烛之武退秦师》中'行李之往来'的'行李'指的就是＿＿＿＿＿。"

今人："但是今天，我们出门带的随身物品都可以称为行李。这几个词是我们常用的。再比如说'字而幼孩'中，'字'是＿＿＿＿＿之意，但是今天已经完全不用这个意思了。"

古人（感慨）："词汇之变，犹如江河之水，不息而流。古今异义，既显文化之传承，又现时代之风貌。吾等当以开放之心、包容之态，共赏此文化之盛宴。"

今人点头赞同。

2. 词汇之变，犹如江河之水，不息而流。根据所学知识，完成下列填空。

（1）我们每个人都有用以记载和留存我们的基本信息的法律文书，即户籍，也叫户口。但在古代，如蒲松龄的《促织》中"成不敢敛户口"句的"户口"一词指的是＿＿＿＿＿。

（2）现代人饮用"养生茶"、练习"养生操"等，都是为了保养身体、增进健康，但在庄子的时代，"养生"一词主要是指＿＿＿＿＿。

（3）假如你穿越到宋朝，与苏轼同赏钱塘江大潮，你感叹道：

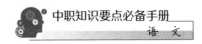

"大江壮观也!"苏轼听到你以"大江"一词称呼钱塘江,不禁疑惑,这是因为在古代,"江河"特指_____。

参考答案:

【我来测一测】

1. 古义:无所依靠;今义:由于清闲而烦闷。
2. 古义:旷远的样子;今义:完全不知道的样子。
3. 古义:用来……的;今义:表因果关系的连词。

第七章 特殊句式

我来测一测

在古代，文言文的句式往往蕴含着丰富的情感与意境，它们不仅仅是文字的堆砌，更是古人情感与智慧的结晶。写出下列各句的文言句式类型，并初步体会句子的情感。（每题2分，共6分）

1. 固一世之雄也，而今安在哉？（　　　　　　　）
2. 冠者五六人，童子六七人。（　　　　　　　）
3. 廉颇者，赵之良将也。（　　　　　　　　）

我的得分为_____分

我来看一看

一、判断句

文言文判断句最显著的特点就是基本上不用判断词"是"来表示判断，而往往借助语气词、副词、动词，或让名词、名词性短语直接充当谓语，对主语进行判断。其句式有如下几种表示法：

（一）用"者"或"也"表判断

这是典型的文言判断形式。有用"……者，……也"的，其中"者"表停顿，"也"表判断；有单用"者"或"也"的；也有"者也"在句尾连用的。

例如：

1. 师者，所以传道受业解惑也。（《师说》）
2. 臣之所好者，道也。（《庖丁解牛》）

3. 和氏璧，天下所共传宝也。(《廉颇蔺相如列传》)

4. 王道之始也。(《寡人之于国也》)

(二) 用副词"乃""则""即""皆""耳"等表判断

例如：则物与我皆无尽也。(《赤壁赋》)

(三) 用动词"为""是"表判断

当用"是"表判断时，要注意和用作代词的"是"的区别。

例如：为赵宦者令缪贤舍人。(《廉颇蔺相如传》)

(四) 用否定副词"非"等表示否定的判断

例如：此非曹孟德之困于周郎者乎？(《赤壁赋》)

(五) 直接表示判断

句中既不用判断词，也不用语气词，由名词对名词，根据语意直接表示判断。

例如：且相如素贱人。(《廉颇蔺相如列传》)

二、判断句集录

(一)《种树郭橐驼传》

理，非吾业也。

(二)《促织》

1. 此物故非西产。

2. 非字而画。

(三)《子路、曾皙、冉有、公西华侍坐》

亦各言其志者也已矣。

(四)《寡人之于国也》

1. 是亦走也。

2. 王道之始也。

3. 非我也，岁也。

4. 非我也，兵也。

5. 是使民养生丧死无憾也。

(五)《劝学》

1. 虽有槁暴,不复挺者,輮使之然也。

2. 君子生非异也,善假于物也。

3. 上食埃土,下饮黄泉,用心一也。

4. 非蛇鳝之穴无可寄托者,用心躁也。

(六)《公输》

1. 臣以王吏之攻宋也,为与此同类。

2. 宋所谓无稚兔鲋鱼者也。

(七)《庖丁解牛》

1. 臣之所好者,道也。

2. 良庖岁更刀,割也;族庖月更刀,折也。

3. 所见无非牛者。

(八)《师说》

1. 师者,所以传道受业解惑也。

2. 授之书而习其句读者,非吾所谓传其道解其惑者也。

3. 道之所存,师之所存也。

(九)《烛之武退秦师》

1. 是寡人之过也。

2. 因人之力而敝之不仁。

3. 失其所与不知。

4. 以乱易整不武。

(十)《廉颇蔺相如传》

1. 廉颇者,赵之良将也。

2. 蔺相如者,赵人也。

3. 臣所以去亲戚而事君者,徒慕君之高义也。

4. 强秦之所以不敢加兵于赵者,徒以吾两人在也。

5. 吾所以为此者,以先国家之急而后私仇也。

6. 和氏璧,天下所共传宝也。

7. 且相如素贱人。

8. 为赵宦者令缪贤舍人。

(十一)《赤壁赋》

1. 是造物者之无尽藏也。

2. 固一世之雄也。

3. 此非曹孟德之诗乎？

4. 此非曹孟德之困于周郎者乎？

5. 则物与我皆无尽也。

(十二)《项脊轩志》

1. 此吾祖太常公宣德间执此以朝，他日汝当用之。

2. 轩东故尝为厨。

3. 项脊轩，旧南阁子也。

4. 妪，先大母婢也。

三、被动句

所谓被动，是指主语与谓语之间的关系是被动关系，即被动句的主语是谓语动词所表示的行为被动者、受动者，而不是主动者、施动者。

(一)有标志的被动句

句中常常借助一些介词表示被动，大体有以下几种形式：

1. 用介词"于"引进动作行为的主动者；有时也在介词"于"或动词前加"受"，形成"受……于……"的形式表被动。例如：

(1) 此非孟德之困于周郎者乎？(《赤壁赋》)

(2) 而君幸于赵王。(《廉颇蔺相如列传》)

2. 用"见""见于""见……于……"表被动。

例如：

(1) 秦城恐不可得，徒见欺。(《廉颇蔺相如列传》)

(2) 臣诚恐见欺于王而负赵。(《廉颇蔺相如列传》)

3. 用"为""为所""为……所……"表被动。

例如：遂为猾胥报充里下役。(《促织》)

4. 用"被"表被动。

例如：舞榭歌台，风流总被，雨打风吹去。(《永遇乐·京口北固亭怀古》)

（二）无标志的被动句

句中没有被动词，而动词本身表被动。这是意念上的被动句，需要根据上下文来判别。

例如：

1. 锲而不舍，金石可镂。(《劝学》)

2. 轩凡四遭火，得不焚。(《项脊轩志》)

四、被动句集录

（一）《促织》

1. 遂为猾胥报充里下役。

2. 试与他虫斗虫尽靡。

3. 杖至百。

（二）《劝学》

锲而不舍，金石可镂。

（三）《师说》

不拘于时。

（四）《国殇》

左骖殪兮右刃伤。

（五）《廉颇蔺相如列传》

1. 而君幸于赵王。

2. 使不辱于诸侯。

3. 秦城恐不可得，徒见欺。

4. 臣诚恐见欺于王而负赵。

（六）《永遇乐·京口北固亭怀古》

舞榭歌台，风流总被雨打风吹去。

（七）《赤壁赋》

此非孟德之困于周郎者乎？

（八）《项脊轩志》

轩凡四遭火，得不焚。

五、省略句

句子成分的省略，在文言文中更普遍，常见的有以下几种情形：

（一）省略主语

例如：

1. （烛之武）辞曰："臣之壮也犹不如人。"（《烛之武退秦师》）
2. 相如每朝时，（相如）常称病。（《廉颇蔺相如列传》）

（二）省略谓语

例如：骐骥一跃，不能（跃）十步。（《劝学》）

（三）省略修饰语和中心词

例如：吾妻之美我者，私我也；（吾）妾之美我者，畏我也。（《邹忌讽齐王纳谏》）

（四）省略宾语

省略宾语分为省略动词的宾语和省略介词的宾语。文言文中，介词"以""为""与"的宾语"之"往往承上文省略。

例如：

1. 均之二策，宁许（之）以负秦曲。（《廉颇蔺相如列传》）
2. 试使（之）斗而才。（《促织》）

（五）省略介词

文言文中，介词"于"和"以"常被省略。

例如：

1. 成妻纳钱（于）案上。(《促织》)
2. 寘之（于）河之干兮。(《伐檀》)

六、省略句集录

（一）《伐檀》

寘之（于）河之干兮。\ 寘之（于）河之侧兮。\ 寘之（于）河之漘兮。

（二）《种树郭橐驼传》

1. 苟有能反（于）是者。
2. 传其事以（之）为官戒也。
3. 而卒以（之）祸。
4. 然吾居（于）乡。

（三）《促织》

1. 令以责之（于）里正。
2. 岁征（于）民间。
3. 假此科敛（于）丁口。
4. 成不敢敛（于）户口。
5. 转侧（于）床头惟思自尽。
6. 成妻纳钱（于）案上。
7. 见虫伏（于）壁上。
8. 试使（之）斗而才。
9. （其妻）折藏之归以（之）示成。
10. 天将以（之）酬长厚者。
11. 喜置（之于）榻上。
12. 将献（之于）公堂。
13. 掇置（之于）笼中。
14. （上官）试使（之）斗而才因责（之）常供。

15. 又试之（于）鸡。

16. 百计营谋不能脱（之）。

（四）《子路、曾皙、冉有、公西华侍坐》

可使（之）有勇。

（五）《寡人之于国也》

1. 树之（于）以桑。

2. 五十者可以（之）衣帛矣。

3. 七十者可以（之）食肉矣。

4. 数口之家可以（之）无饥矣。

（六）《劝学》

木直中绳，輮以（之）为轮。

（七）《公输》

1. 将以攻宋。

2. 于是见公输盘。

（八）《庖丁解牛》

臣以神遇（之）而不以目视（之）。

（九）《师说》

吾从（之）而师之。

（十）《烛之武退秦师》

1. （烛之武）辞曰："臣之壮也犹不如人。"

2. （烛之武）许之。

3. 晋军（于）函陵秦军（于）氾南。

4. 若舍郑以（之）为东道主。

5. （秦伯）使杞子、逢孙、杨孙戍之。

6. 敢以（之）烦执事。

（十一）《廉颇蔺相如列传》

1. 不如因厚遇之，使（之）归赵。

2. 传（之）以（之）示美人及左右。

3. 赵王以（之）为贤大夫。

4. 遂与秦王会（于）渑池。

(十二)《归园田居（其一）》

1. 开荒（于）南野际。

2. 狗吠（于）深巷中，鸡鸣（于）桑树颠。

(十三)《赤壁赋》

1. （其声）如怨如慕（其声）如泣如诉。

2. （其声）舞幽壑之潜蛟（其声）泣孤舟之嫠妇。

3. （苏子与客）相与枕藉乎舟中。

(十四)《项脊轩志》

1. （余）又杂植兰桂竹木于庭。

2. （余）借书满架。

3. 吾儿，（吾）久不见若影。

4. 使（之）不上漏。

5. 明月（照）半墙。

6. 余自束发读书（于）轩中。

7. 垣墙（于）周庭。

七、倒装句

(一) 宾语前置

文言文中，动词或介词的宾语，一般置于动词或介词之后，但在一定条件下，宾语可以前置。

1. 否定句中代词宾语前置。这类宾语前置要具备两个条件：一是宾语必须是代词；二是句子必须是否定句，由"不""未""毋""莫"等否定词表示。在这种情况下，代词宾语要放在动词之前、否定词之后。

例如：不吾知也。(《子路、曾皙、冉有、公西华侍坐》)

2. 疑问句中代词宾语前置。文言文中用疑问代词"谁""何"

"奚""安"等作宾语时，往往将其放在动词的前面。

例如：

（1）何厌之有？（《烛之武退秦师》）

（2）而今安在哉？（《赤壁赋》）

3. 介词宾语前置。现代汉语中，介词后面跟着宾语，组成介宾结构，用来修饰动词谓语。文言文中，介词宾语往往置于介词之前，形成一种倒置的现象。

例如：何以解忧？（《短歌行》）

4. 特殊结构：用"之""是"将宾语提前。有时还可以在前置的宾语前加上一个范围副词"唯"，构成"唯……是……"的格式。

例如：句读之不知，惑之不解，或师焉，或不焉。（《师说》）

5. 方位词、时间词作宾语，有时也前置。

例如：技经肯綮之未尝。（《庖丁解牛》）

（二）宾语前置句集录

1. 《种树郭橐驼传》。

（1）不知始何名。

（2）故不我若也。

（3）吾又何能为哉？

（4）又何以蕃吾生而安吾性耶？

2. 《念奴娇·赤壁怀古》。

（1）故国神游。

（2）多情应笑我。

3. 《促织》。

不知何词。

4. 《子路、曾皙、冉有、公西华侍坐》。

（1）毋吾以也。

（2）如或知尔，则何以哉？

(3) 夫三子者之言何如？

(4) 不吾知也。

5.《寡人之于国也》。

(1) 鸡豚狗彘之畜。

(2) 未之有也。

6.《公输》。

宋何罪之有？

7.《庖丁解牛》。

技经肯綮之未尝。

8.《师说》。

句读之不知，惑之不解，或师焉，或不焉。

9.《短歌行》。

何以解忧？

10.《烛之武退秦师》。

何厌之有？

11.《廉颇蔺相如列传》。

(1) 君何以知燕王？

(2) 何以知之？

12.《永遇乐·京口北固亭怀古》。

(1) 千古江山，英雄无觅，孙仲谋处。

(2) 四十三年，望中犹记，烽火扬州路。

13.《赤壁赋》。

(1) 何为其然也？

(2) 而今安在哉？

(3) 而又何羡乎？

(三) 定语后置

在古汉语中，将定语移置在中心词之后的现象称作定语后置，一般有三种情况：

1. 中心词+定语+者（或中心词+之+定语+者）。

例如：求人可使报秦者，未得。(《廉颇蔺相如列传》)

2. 中心词+之+形容词（定语）。

例如：

（1）蚓无爪牙之利，筋骨之强。(《劝学》)

（2）凌万顷之茫然。(《赤壁赋》)

3. 中心词+有+定语+者。

例如：客有吹洞箫者，倚歌而和之。(《赤壁赋》)

4. 中心词+数量词（定语）。

例如：我持白璧一双，欲献项王。(《鸿门宴》)

（四）定语后置句集录

1. 《种树郭橐驼传》。

凡长安豪富人为观游及卖果者。

2. 《促织》。

（1）村中少年好事者驯养一虫。

（2）不数岁田百顷楼阁万椽。

3. 《子路、曾皙、冉有、公西华侍坐》。

冠者五六人，童子六七人。

4. 《劝学》。

蚓无爪牙之利，筋骨之强。

5. 《廉颇蔺相如列传》。

求人可使报秦者，未得。

6. 《赤壁赋》。

（1）凌万顷之茫然。

（2）客有吹洞箫者，倚歌而和之。

（五）状语后置

现代汉语中状语置于谓语之前，若置于谓语之后，便是补语。但在文言文中，处于补语位置的成分往往要以状语来理解。例如：

1. 生乎吾前，其闻道也固先乎吾，吾从而师之。(《师说》)
2. 况吾与子渔樵于江渚之上。(《赤壁赋》)

（六）状语后置句集录

1. 《伐檀》。

寘之河之干兮。\ 寘之河之侧兮。\ 寘之河之漘兮。

2. 《促织》。

（1）掭以尖草。

（2）问者爇香于鼎。

（3）既而得其尸于井。

3. 《子路、曾皙、冉有、公西华侍坐》。

（1）以吾一日长乎尔。

（2）摄乎大国之间。

（3）加之以师旅，因之以饥馑。

（4）异乎三子者之撰。

（5）为国以礼。

（6）浴乎沂，风乎舞雩。

4. 《寡人之于国也》。

（1）则无望民之多于邻国也。

（2）树之以桑。

（3）申之以孝悌之义。

（4）颁白者不负戴于道路矣。

（5）是何异于刺人而杀之曰"非我也兵也"？

5. 《劝学》。

（1）君子博学而日参省乎己。

（2）青，取之于蓝，而青于蓝；冰，水为之，而寒于水。

6. 《公输》。

（1）胡不见我于王？

（2）荆国有余于地而不足于民。

(3) 子墨子闻之,起于鲁。

7.《庖丁解牛》。

(1) 合于《桑林》之舞。

(2) 是以十九年而刀刃若新发于硎。

8.《师说》。

(1) 生乎吾前,其闻道也固先乎吾。

(2) 师不必贤于弟子。

(3) 学于余。

(4) 夫庸知其年之先后生于吾乎?

(5) 耻学于师。

9.《烛之武退秦师》。

(1) 以其无礼于晋且贰于楚也。

(2) 佚之狐言于郑伯曰。

(3) 若亡郑而有益于君。

10.《廉颇蔺相如列传》。

(1) 拜送书于庭。

(2) 臣头今与璧俱碎于柱矣。

(3) 以勇气闻于诸侯。

(4) 故燕王欲结于君。

(5) 乃设九宾礼于廷。

(6) 会于西河外渑池。

11.《归园田居(其一)》。

(1) 开荒南野际。

(2) 狗吠深巷中,鸡鸣桑树颠。

12.《赤壁赋》。

(1) 况吾与子渔樵于江渚之上。

(2) 徘徊于斗牛之间。

(3) 托遗响于悲风。

(4)苏子与客泛舟游于赤壁之下。

(5)月出于东山之上。

(6)寄蜉蝣于天地。

(7)相与枕藉乎舟中。

13.《项脊轩志》。

(1)杂植兰桂竹木于庭。

(2)家有老妪,尝居于此。

(3)室西连于中闺。

(4)鸡栖于厅。

(5)其制稍异于前。

(七) 主谓倒装

为了强调谓语,有时将谓语置于主语之前。例如:

1.《念奴娇·赤壁怀古》。

早生华发。

2.《赤壁赋》。

渺渺兮予怀。

我来试一试

在文言文中,特殊句式是理解古文的重要一环。在文言文特殊句式知识巩固强化中,小明的学习小组遇到了难题,请你根据具体的要求帮助他们完成下列习题。

1. 省略句辨识。请指出下列句子中省略的成分,并尝试补全。

(1)辞曰:"臣之壮也,犹不如人。"

(2)木直中绳,鞣以为轮。

2. 倒装句分析。请分析下列句子的倒装类型,并尝试调整至正常语序。

(1)渺渺兮予怀。

(2)句读之不知,惑之不解。

3. 判断句识别。请判断下列句子是否为判断句，并说明理由。

（1）师者，所以传道受业解惑也。

（2）此吾祖太常公宣德间执此以朝。

（3）且相如素贱人。

4. 被动句理解。请解释下列句子中的被动意义，并指出其被动标志（如有）。

（1）遂为猾胥报充里下役。

（2）臣诚恐见欺于王而负赵。

（3）轩凡四遭火，得不焚。

参考答案：

【我来测一测】

1. 宾语前置句

2. 定语后置句

3. 判断句

第八章　翻译

我来测一测

古典文学之美，美在文字，美在思想，美在手法。为了深刻体会古文精湛的文字之美，班级要组织一次"品析文言之字，鉴赏古典之文"专题活动。作为活动的参与者，你需要完成任务一——"判析翻译，突破难点"。

请判断以下句子的翻译是否正确并分析。（每题2分，共8分）

1. 三人行，则必有我师。翻译：三个人同行，那么里面一定有可以当我老师的人。　　　　　　　　　　　　（　　）

2. 加之以师旅，因之以饥馑。翻译：有别国军队来侵略它，因为国内又有饥荒。　　　　　　　　　　　　（　　）

3. 纵一苇之所如，凌万顷之茫然。翻译：任凭一片苇叶往前漂去，越过那茫茫的江面。　　　　　　　　　　　　（　　）

4. 客有吹洞箫者。翻译：客人中有一位会吹洞箫的人。（　　）

我的得分为＿＿＿＿＿分

我来看一看

一、文言文翻译的规则

（一）文言文翻译的要求

翻译文言文要做到"信、达、雅"三个字。"信"是指译文要准确无误，忠于原文。"达"是指译文要通顺畅达，字通句顺。"雅"就是指译文要优美自然，生动形象。

（二）文言文翻译的原则和方法

1. 文言文翻译的原则：直译为主，意译为辅。

在翻译过程中，必须遵循"字字有着落，直译、意译相结合，以直译为主"的原则。要求在具体翻译时，句子中的每个字词，只要它有一定的实在意义，都必须字字落实。

2. 翻译六字方法：留、删、补、换、调、变。

（1）"留"，就是保留。凡是古今意义相同的词，以及古代的人名、地名、物名、官名、国号、年号、度量衡单位等，翻译时可保留不变。

（2）"删"，就是删除。删掉无须译出的文言虚词。

（3）"补"，就是增补。变单音词为双音词；补出省略句中的省略成分。注意：补出省略的成分或语句，要加括号。

（4）"换"，就是替换。用现代词汇替换古代词汇。如把"吾""余""予"等换成"我"，把"尔""汝"等换成"你"。

（5）"调"，就是调整。把古汉语倒装句调整为现代汉语句式，以便符合现代汉语表达习惯。

（6）"变"，就是变通。在忠实于原文的基础上，活译有关文字。

注意：在翻译时重点应放在重要实词和虚词、古今异义词、通假字、词类活用、特殊句式上。

二、翻译集锦

（一）《种树郭橐驼传》

1. 病偻，隆然伏行，有类橐驼者，故乡人号之"驼"。

翻译 他患了脊背弯曲的病，脊背高起而弯腰行走，就像骆驼一样，因此乡里人称呼他叫"橐驼"。

2. 驼业种树，凡长安豪富人为观游及卖果者，皆争迎取养。

翻译 郭橐驼把种树作为职业，凡是长安城里经营园林游览和做水果买卖的豪富人,都争着迎接和雇佣郭橐驼。

3. 橐驼非能使木寿且孳也,能顺木之天,以致其性焉尔。

翻译 我郭橐驼并不能使树木活得长久而且长得繁盛,只不过能够顺应树木的天性,来使它按照本性生长罢了。

4. 故吾不害其长而已,非有能硕茂之也;不抑耗其实而已,非有能早而蕃之也。

翻译 因此我不妨碍它的生长罢了,并没有能使它长得高大茂盛的办法;不抑制损害它的结果实罢了,并没有能使它结果实早又多的办法。

5. 爪其肤以验其生枯,摇其本以观其疏密,而木之性日以离矣。

翻译 用指甲抠破树皮来观察它是活着还是枯死了,摇晃树根来看它培土的松紧,这样树木的天性就一天天地背离了。

6. 故不我若也。吾又何能为哉!

翻译 因此他们都比不上我。我又能够做什么呢!

7. 然吾居乡,见长人者好烦其令,若甚怜焉,而卒以祸。

翻译 但是我住在乡里,看见那些官吏喜欢不断地发号施令,好像是很怜爱(百姓)啊,但百姓最终因此受到祸害。

8. 旦暮吏来而呼曰:"官命促尔耕,勖尔植,督尔获,早缫而绪,早织而缕,字而幼孩,遂而鸡豚。"

翻译 在早上和晚上那些官吏跑来大喊:"长官命令催促你们耕地,勉励你们种植,督促你们收获,早些煮茧抽丝,早些织好线,养育好你们的小孩,喂养好你们的鸡和猪。"

9. 吾小人辍飧饔以劳吏者,且不得暇,又何以蕃吾生而安吾性耶?

翻译 我们这些小百姓停止吃早、晚饭去慰劳那些官吏,尚且没有空暇的时间,又凭借什么使我们人口增多,使我们生活安定呢?

10. 传其事以为官戒。

翻译 我为这件事作传把它作为官吏们的鉴戒。

(二)《促织》

1. 得无教我猎虫所耶?

翻译 莫非是指示我捕捉蟋蟀的地方吧?

2. 虽连城拱璧不啻也。

翻译 即使是价值连城的美玉也比不上。

3. 邑有成名者,操童子业,久不售。

翻译 县里有个叫成名的人,从事童生的学业,长时间没有考取功名。

4. 顾念蓄劣物终无所用,不如拼搏一笑。

翻译 但是(成名)想到储存了低劣的东西终究也没有用处,不如拿出来斗一斗,也可获得一笑。

5. 故天子一跬步,皆关民命,不可忽也。

翻译 所以天子小小的举动都关系到百姓的性命,不可忽视啊。

6. 当其为里正、受扑责时,岂意其至此哉?

翻译 当他担任里正、受到杖责的时候,怎么会想到他有这种结果吗?

(三)《子路、曾皙、冉有、公西华侍坐》

1. 以吾一日长乎尔,毋吾以也。

翻译 因为我年纪比你们大一点,你们不要认为这样就不说了。

2. 千乘之国,摄乎大国之间,加之以师旅,因之以饥馑;由也为之,比及三年,可使有勇,且知方也。

翻译 一个拥有一千辆兵车的诸侯国,夹在(几个)大国之间,有(别国)军队来侵略它,接连下来(国内)又有饥荒;(如果)让我去治理这个国家,等到三年功夫,就可以使人人勇敢善战,而且懂得做人的道理。

3. 非曰能之,愿学焉。宗庙之事,如会同,端章甫,愿为小相焉。

翻译 我不敢夸口说能够做到,只是愿意学习。在宗庙祭祀的事情中,或者在诸侯会盟、朝见天子的时候,我愿意穿着礼服、戴着礼帽,做一个小小的司仪。

4. 莫春者,春服既成,冠者五六人,童子六七人,浴乎沂,风乎舞雩,咏而归。

翻译 暮春时节(天气暖和),春天的衣服已经穿上了。我和几个成年人、六七个青少年到沂河里洗洗澡,在舞雩台上吹吹风,一路唱着歌儿回来。

5. 宗庙会同,非诸侯而何?赤也为之小,孰能为之大?

翻译 宗庙祭祀,诸侯会盟和朝见天子,不是诸侯的大事又是什么呢?如果公西华只能给诸侯做一个小相,那么谁能做大事呢?

(四)《寡人之于国也》

1. 梁惠王曰:"寡人之于国也,尽心焉耳矣。"

翻译 梁惠王说:"我对于国家,也算是尽心了。"

2. 邻国之民不加少,寡人之民不加多,何也?

翻译 但邻国的百姓并不更少,我的百姓并不更多,为什么呢?

3. 以五十步笑百步,则何如?

翻译 凭借自己只跑了五十步,而嘲笑他人跑了一百步,(您以为)怎么样呢?

4. 不可,直不百步耳,是亦走也。

翻译 不可以,只不过没有逃跑到一百步罢了,这也同样是逃跑。

5. 王如知此,则无望民之多于邻国也。

翻译 大王如果懂得这个道理,那不必去期望您的国家的民众比邻国增多了。

6. 不违农时，谷不可胜食也；数罟不入洿池，鱼鳖不可胜食也；斧斤以时入山林，材木不可胜用也。

翻译 不违背农时，粮食就吃不完；密网不进池塘捕鱼，鱼鳖就吃不完；按照季节砍伐树木，那木材便用不完。

7. 谨庠序之教，申之以孝悌之义，颁白者不负戴于道路矣。

翻译 认认真真地兴办学校教育，把孝敬父母的道理反复讲给百姓听，头发花白的老人就不会背着或者顶着东西奔走在道路上了。

8. 然而不王者，未之有也。

翻译 能达到这样的地步，却不能统一天下而称王的，是不曾有过的事。

9. 王无罪岁，斯天下之民至焉。

翻译 大王不怪罪于年成，那么天下的百姓（指别的诸侯国的人）都会前来归顺了。

（五）《劝学》

1. 君子曰：学不可以已。

翻译 君子说：学习是不可以停止的。

2. 青，取之于蓝，而青于蓝；冰，水为之，而寒于水。

翻译 青，从蓝草中取得，却比蓝草的颜色更青；冰，是水凝结而成的，却比水更寒冷。

3. 故木受绳则直，金就砺则利，君子博学而日参省乎己，则知明而行无过矣。

翻译 所以木材经墨线量过就变得笔直，金属刀具在磨刀石上磨过就变得锋利，君子广博地学习且每天检查、省察自己，那么就会智慧明达并且行为没有过错了。

4. 假舟楫者，非能水也，而绝江河。

翻译 借助舟船的人，并不会游泳，却可以横渡长江、黄河。

5. 君子生非异也，善假于物也。

翻译 君子的资质禀赋同一般人没有差别，只是君子善于借助外物罢了。

6. 蚓无爪牙之利，筋骨之强，上食埃土，下饮黄泉，用心一也。

翻译 蚯蚓没有锋利的爪子、牙齿，强健的筋骨，却能向上吃到泥土，向下喝到土壤里的水，是因为心思专一。

（六）《公输》

1. 夫子何命焉为？

翻译 先生有什么指教呢？

2. 吾义固不杀人。

翻译 我按照道义，本来就不杀人。

3. 荆国有余于地而不足于民，杀所不足而争所有余。

翻译 楚国有的是土地，却缺少民众，如今去杀自己缺少的民众而去争夺自己并不缺少的土地。

4. 胡不见我于王？

翻译 为什么不向楚王引见我呢？

5. 公输盘九设攻城之机变，子墨子九距之。

翻译 公输盘一次又一次地设下了攻城的巧妙方法，墨子一次又一次地抵挡了他。

6. 我知子之所以距我，吾不言。

翻译 我知道你用来抵抗我的方法了，我不说。

7. 虽杀臣，不能绝也。

翻译 即使杀了我，也不能杀尽保卫宋国的人。

（七）《庖丁解牛》

1. 庖丁为文惠君解牛。手之所触，肩之所倚，足之所履，膝之所踦，砉然向然，奏刀騞然，莫不中音。

翻译 庖丁给梁惠王宰牛。手接触的地方、肩膀倚靠的地方、脚踩的地方、膝盖抵住的地方,发出砉砉的响声,进刀时发出騞的声音,没有不合乎音律的。

2. 善哉!技盖至此乎?

翻译 好极了!你的技术怎么能达到这种程度呢?

3. 方今之时,臣以神遇而不以目视,官知止而神欲行。

翻译 到了现在,我只用精神去和牛接触,而不用眼睛去看,感官停止了,而精神在活动。

4. 良庖岁更刀,割也;族庖月更刀,折也。今臣之刀十九年矣,所解数千牛矣,而刀刃若新发于硎。

翻译 技术好的厨师每年更换一把刀,是用刀割断筋肉割坏的;技术一般的厨师每月就得更换一把刀,是刀砍断骨头而砍坏的。如今,我的刀用了十九年,所宰的牛有几千头了,但刀刃锋利得就像刚在磨刀石上磨出来的一样。

5. 以无厚入有间,恢恢乎其于游刃必有余地矣。

翻译 用没有厚度的刀刃插入有空隙的骨节,宽宽绰绰地,那么刀刃的运转必然是有余地的啊!

6. 提刀而立,为之四顾,为之踌躇满志,善刀而藏之。

翻译 我提着刀站立起来,为此举目四望,为此悠然自得,心满意足,然后把刀擦拭干净,收藏起来。

(八)《师说》

1. 师者,所以传道受业解惑也。

翻译 老师,是靠他来传授道理、教授学业、解释疑难问题的。

2. 句读之不知,惑之不解,或师焉,或不焉,小学而大遗,吾未见其明也。

翻译 不明句读去问老师,有疑惑不能解决却不愿问老师,小的方面学习了,大的方面却丢弃了,我没看出他们是明白事理的。

3. 士大夫之族，曰师曰弟子云者，则群聚而笑之。

翻译 士大夫这类人，听到称"老师"、称"弟子"等等，就成群聚在一起讥笑人家。

4. 彼与彼年相若也，道相似也。位卑则足羞，官盛则近谀。

翻译 他和他年龄差不多，道德学问也差不多，以地位低的人为师，就觉得很羞耻，以官大的人为师，就被认为近于谄媚。

5. 孔子曰：三人行，则必有我师。

翻译 孔子说：几个人同行，那么里面一定有可以当我的老师的人。

6. 是故弟子不必不如师，师不必贤于弟子。

翻译 因此学生不一定不如老师，老师不一定比学生贤能。

7. 李氏子蟠，年十七，好古文，六艺经传皆通习之，不拘于时，学于余。

翻译 李家的孩子名叫蟠，十七岁，喜欢古文，六经的经文和传记都普遍地学习了，没有受到时代风气的影响，向我学习。

(九)《烛之武退秦师》

1. 以其无礼于晋，且贰于楚也。

翻译 因为它（郑国）对晋国无礼，而且对楚国有二心。

2. 越国以鄙远，君知其难也，焉用亡郑以陪邻？邻之厚，君之薄也。

翻译 越过别国而把远地当作边邑，您知道这一定很困难啊。为什么要灭掉郑国而给邻国（晋国）增加土地呢？邻国变得强大，就是您的力量变得弱小啊。

3. 若舍郑以为东道主，行李之往来，共其乏困。

翻译 如果放弃攻打郑国，把郑国作为东方道路上的主人，秦国使者来往时，（郑国）就能供给他们缺少的东西。

4. 夫晋，何厌之有？既东封郑，又欲肆其西封。

翻译 晋国，有什么满足的呢？已经在东边使郑国成为它的边境，又想要往西扩张边界。

5. 若不阙秦，将焉取之？阙秦以利晋，唯君图之。

翻译 如果不使秦国土地减少，将从哪里取得它所贪求的土地呢？使秦国受到损害来使晋国得到好处，希望您考虑这件事。

6. 微夫人之力不及此。因人之力而敝之，不仁；失其所与，不知。

翻译 假如没有那个人的力量，我是不会达到这个地步的。依靠他人的力量，却又反过来损害他，是不仁道的；失去自己的同盟者，这是不明智的。

（十）《廉颇蔺相如列传》

1. 计未定，求人可使报秦者，未得。

翻译 尚未找到合适的解决办法，寻找一个可以回复秦国的使者，也未能找到。

2. 均之二策，宁许以负秦曲。

翻译 衡量这两个计策，宁可答应给秦国和氏璧，让秦国承担理亏的责任。

3. 何者？严大国之威以修敬也。

翻译 为什么要这样呢？是尊重大国的威望而整饰礼仪表示敬意呀。

4. 大王必欲急臣，臣头今与璧俱碎于柱矣！

翻译 大王如果一定要逼迫我，我的头现在就与和氏璧一起撞碎在柱子上！

5. 舍相如广成传舍。

翻译 把相如安置在广成宾馆。

6. 相如度秦王特以诈详为予赵城，实不可得。

翻译 相如估计秦王只不过以欺诈的手段假装给赵国城邑，实际上赵国是不可能得到这些城邑的。

7. 相如度秦王虽斋，决负约不偿城，乃使其从者衣褐，怀其璧，从径道亡，归璧于赵。

翻译 相如估计秦王虽然答应斋戒，也必定违背信约，不给赵国城邑，就派他的随从穿着粗麻布衣服，怀揣和氏璧，从小路逃走，把和氏璧送回赵国。

8. 臣所以去亲戚而事君者，徒慕君之高义也。

翻译 我们离开亲人来侍奉您，只是因为仰慕您的高尚品德啊。

9. 蔺相如固止之，曰："公之视廉将军孰与秦王？"

翻译 蔺相如坚决挽留他们，说："你们看廉将军和秦王相比哪个更厉害？"

10. 吾所以为此者，以先国家之急而后私仇也。

翻译 我之所以这样做，是以国家之急为先而以私仇为后啊！

（十一）《赤壁赋》

1. 举酒属客，诵明月之诗，歌窈窕之章。

翻译 举起酒杯，劝客人饮酒，朗诵"明月"诗里"窈窕"这一章。

2. 纵一苇之所如，凌万顷之茫然。

翻译 任凭小船儿往前漂去，越过那茫茫的江面。

3. 歌曰："桂棹兮兰桨，击空明兮溯流光。渺渺兮予怀，望美人兮天一方。"

翻译 歌中唱道："桂树做的棹啊木兰做的桨，桨划破月光下的清波啊，船在月光浮动的水面上逆流而上。我心里想得很远啊，眺望美人啊，美人却在天的那一边。"

4. 客有吹洞箫者，倚歌而和之。

翻译 有会吹洞箫的客人，按着歌曲的节奏为歌曲伴和。

5. 舞幽壑之潜蛟，泣孤舟之嫠妇。

翻译 能使潜藏在深渊中的蛟龙起舞，能使孤舟上的寡妇听了哭泣。

6. 苏子愀然，正襟危坐而问客曰："何为其然也？"

翻译　苏轼的容色忧愁，整好衣襟端正坐好，向客人问道："箫声为什么这样哀怨呢？"

7. 况吾与子渔樵于江渚之上，侣鱼虾而友麋鹿。

翻译　何况我与你在江中和沙洲上打鱼砍柴，以鱼虾为伴，以麋鹿为友。

8. 是造物者之无尽藏也，而吾与子之所共适。

翻译　这是自然界无穷无尽的宝藏，我和你可以共同享受。

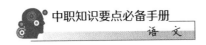

为了进一步探析文言文内容之美，现在需要你完成"品析文言之字，鉴赏古典之文"专题活动的任务二——"翻译句子，理解内容"。

用现代汉语翻译下列句子。

1. 爪其肤以验其生枯，摇其本以观其疏密，而木之性日以离矣。（《种树郭橐传》）

翻译：＿＿＿＿＿＿＿＿＿＿＿＿＿＿＿＿＿＿＿＿＿＿。

2. 得无教我猎虫所耶？（《促织》）

翻译：＿＿＿＿＿＿＿＿＿＿＿＿＿＿＿＿＿＿＿＿＿＿。

3. 赤也为之小，孰能为之大？（《子路、曾皙、冉有、公西华侍坐》）

翻译：＿＿＿＿＿＿＿＿＿＿＿＿＿＿＿＿＿＿＿＿＿＿。

4. 谨庠序之教，申之以孝悌之义，颁白者不负戴于道路矣。（《寡人之于国也》）

翻译：＿＿＿＿＿＿＿＿＿＿＿＿＿＿＿＿＿＿＿＿＿＿。

5. 臣以神遇而不以目视，官知止而神欲行。（《庖丁解牛》）

翻译：＿＿＿＿＿＿＿＿＿＿＿＿＿＿＿＿＿＿＿＿＿＿。

6. 吾所以为此者,以先国家之急而后私仇也。(《廉颇蔺相如列传》)

翻译:_____。

参考答案:

【我来测一测】

1. 【答案】× "三人行"应翻译为"几个人同行"。

2. 【答案】× "因"的意思是"接着",应翻译为"有别国军队来侵略它,接着国内又有饥荒"。

3. 【答案】× "一苇"是比喻,意思为"一片苇叶似的小船"。

4. 【答案】× 应翻译为"有会吹洞箫的客人",定语后置。

第二编 学习篇目汇总

第一章 现代文文学常识及课文赏析

我来测一测

走进文本主体,与文本对话。班级即将举行"现代文知识竞赛"活动。同学们踊跃报名参加,在正式竞赛前,需要完成以下文体知识训练题。(本题2分)

下列作品、文体、作者和作者国籍对应不正确的一项是(　　)
- A. 《风景谈》　　　散文　　茅盾　　　中国
- B. 《套中人》　　　小说　　契诃夫　　苏联
- C. 《雨巷》　　　　诗歌　　戴望舒　　中国
- D. 《最后一片叶子》小说　　欧·亨利　美国

我的得分为_____分

我来看一看

篇目集锦

（一）基础模块·上册

篇目	作者	国籍	文体	主旨	写作特色
沁园春·长沙	毛泽东	中国	词	这首词通过对湘江美丽壮观的秋景的描绘，对国家前途命运的思虑，对青年时代革命斗争生活的回忆，表达了词人以天下为己任、蔑视反动统治者、改造旧中国的豪情壮志。	1. 情景交融，叙议结合。 2. 意象纷呈，意境深远。
风景谈	茅盾	中国	散文	课文围绕"风景"话题，描写了六幅风景画，突出了人类的活动，尤其是具有崇高精神的人类的活动在"风景"中的主宰地位，表达了作者对"风景"独特的审美见解，并通过谈"风景"，含蓄而又热烈地歌颂了革命圣地延安，赞美了抗日民主根据地军民火热的战斗生活和崇高的精神境界。	1. 取材小中见大，结构舒展自如。 2. 描写、抒情和议论结合。 3. 语言洗练、细致、清新。
荷花淀	孙犁	中国	小说	小说采用纵剖面的方法，按时间顺序有重点地叙述故事，以冀中抗日根据地人民的斗争生活为背景，塑造了一群勤劳纯朴、真挚多情而又勇敢机智、积极向上的农村青年妇女的形象，表现了抗日根据地人民热爱生活、热爱祖国的精神。	1. 追求散文式的格调，追求诗歌般的意境。 2. 用简洁朴素的对话展示人物丰富的内心世界。 3. 采用了生动传神的细节描写。 4. 采用了如诗如画的景物描写。

197

续表

篇目	作者	国籍	文体	主旨	写作特色
江姐（节选）	阎肃	中国	歌剧	歌剧《江姐》艺术性地诠释了江姐视死如归的英雄形象，反映了英雄主义和爱国主义的思想主题，以其深刻的思想性、强烈的戏剧性、高超的艺术性和浑厚的民族性，将中国歌剧推上了一个新的高度。	1. 矛盾冲突尖锐激烈。 2. 人物形象鲜活生动。 3. 采用了中西结合的创作手法。
雨巷	戴望舒	中国	诗歌	《雨巷》是诗人伤感寂寞心灵的痛苦歌唱。诗人借"丁香一样的姑娘"表达一种追求美好理想的愿望，以及理想幻灭后的空虚和伤感，从而反映了诗人对现实的不满和失望。	1. 采用了象征手法。 2. 优美的音乐旋律。 3. 复沓句式的妙用。
我愿意是急流	裴多菲	匈牙利	诗歌	1. 爱情诗。抒发对爱人的深挚感情，歌颂纯洁而高尚的爱情。 2. 政治抒情诗。歌颂匈牙利人民的解放斗争事业，歌颂为民族解放事业献身的精神和执着追求理想的革命精神。	1. 鲜活的意象，澎湃的感情。 2. 采用了博喻手法。 3. 多处运用了对比的写法。
荷塘月色	朱自清	中国	散文	本文通过对荷塘月色的细腻描绘，含蓄而委婉地抒发了作者不满现实、渴望自由和美好、不与黑暗现实同流合污的高尚情怀。	1. 构思精巧，转接自如。 2. 借景抒情，情景交融。 3. 语言典雅，描写生动。比喻、通感的修辞手法和叠词的运用，生动传神。动与静、点与面、远与近、虚与实结合的描写，多角度、多侧面描绘出荷塘的月夜风采。

续表

篇目	作者	国籍	文体	主旨	写作特色
灯	巴金	中国	散文	当时中国正处于抗日战争最艰苦的相持阶段。日本帝国主义侵略者对抗日民主根据地发动了野蛮"扫荡"。国民党掀起第二次反共高潮，制造了震惊中外的"皖南事变"。在国统区，进步力量受到严重的摧残，人们生活在黑暗之中。作者目睹黑暗的现实，感到痛心和愤慨。然而，他从人民团结一致、前赴后继的抗日行动中看到了希望，坚信光明必将战胜黑暗。所以，他以象征手法借"灯光"表达了自己的坚定信念。	1. 托物言志，采用了象征手法。课文结尾"灯光是不会灭的"，象征抗战必胜。 2. 思路开阔，材料跨越中外，虚实相济，古今结合。
林黛玉进贾府	曹雪芹	中国	小说	本文通过林黛玉进贾府这一中心事件，以林黛玉的所闻、所见、所感为线索介绍贾府，传神地描绘了林黛玉、王熙凤、贾宝玉等的外貌和性格特征，展示了贾府豪华的环境、奢侈的生活、森严的等级礼法。	1. 采用了"小中见大"的写法。 2. 采用了"详略虚实结合"的写法。 3. 采用肖像、语言、动作、神态、细节等多种手法塑造人物，正面描写与侧面描写相结合。
最后一片叶子	欧·亨利	美国	小说	小说通过写贝尔曼用生命描绘"最后一片叶子"，帮助琼希重拾生存意志而自己死亡的故事，讴歌了其舍己为人的高尚品质，表现了社会下层小人物之间互相关爱、鼓励支持的温情。	1. "欧·亨利式"的语言幽默风趣、俏皮夸张。 2. "欧·亨利式"结尾卒章显志，意料之外，情理之中。

续表

篇目	作者	国籍	文体	主旨	写作特色
县委书记的榜样——焦裕禄	穆青、冯健、周原	中国	人物通讯	本文主要记述了焦裕禄到兰考担任县委书记以来,为治服"三害"深入基层,扎实调研,努力改变兰考面貌的先进事迹,塑造了一个忍着病痛坚持工作,最终献出生命的优秀党员干部形象,赞扬了亲民爱民、艰苦奋斗、求真务实、迎难而上和无私奉献的焦裕禄精神。	1. 选取典型材料表现人物的精神和品格。2. 以时间为线索,各节既有对焦裕禄事迹的概述,也有对典型事件具体而详细的描述。3. 通过言行再现人物风范。4. 采用了记叙、抒情与议论相结合的写法。全文以记叙为主,适当穿插抒情、描写和议论。
喜看稻菽千重浪——记首届国家最高科学技术奖获得者袁隆平	沈英甲	中国	人物通讯	这篇人物通讯通过具体事例展现了科学家袁隆平重视实践、实事求是、敢于向权威宣战、大胆创新的精神,也表现了他引领"绿色革命"的宏愿,高度评价了这位杂交水稻专家的研究成果的重大意义:不仅使中国率先在世界上实现了"超级稻"目标,而且对解决中国乃至全世界的粮食问题都具有重大意义。文章也表达了对袁隆平的崇敬之情。	1. 以记叙为主,兼有议论、抒情、说明。2. 多处运用细节描写,生动准确地表现了人物性格,使人物活生生地"立"在了读者面前。3. 详略得当。4. 使用小标题,结构精巧。

续表

篇目	作者	国籍	文体	主旨	写作特色
国家的儿子（节选）	黄传会	中国	报告文学	本文作为一篇报告文学，巧妙地通过时间线索，综合展示了歼-15舰载机研制现场总指挥罗阳的生平事迹，深刻诠释了罗阳同志信念坚定、对党忠诚的政治品格，矢志不渝、航空报国的爱国情怀，攻坚克难、勇攀高峰的拼搏精神，恪尽职守、忘我奉献的崇高品德，严于律己、淡泊名利的人生境界。	1. 以时间顺序组织材料，紧凑有致。 2. 情感真挚，感人至深。
心有一团火，温暖众人心	林为民	中国	人物通讯	本文选取了全国劳动模范张秉贵的先进事迹，运用鲜活的语言，生动再现了北京市百货大楼的一名售货员——张秉贵始终坚持全心全意为人民服务的光辉形象。他凭着娴熟的岗位技能和"一团火"的服务精神，温暖了几代顾客的心，赢得了人民群众的广泛赞誉。	1. 以"一团火"精神为线索，串起多个真实事件和大量生动细节。 2. 点面结合，善于运用对比手法刻画人物形象。 3. 语言大多句式简短，通俗平易。
反对党八股	毛泽东	中国	议论文	本文深刻地揭露了党八股的罪状和它对革命工作的危害，论述了马克思列宁主义文风的内容，阐明了抛弃党八股，树立生动活泼、新鲜有力的马克思列宁主义文风的重大意义。本文是毛泽东同志关于整风运动的基本著作，是一篇很有特色的战斗檄文。	1. 分项列举，详略有别。 2. 边破边立，结构严密。 3. 运用多种论证方法，说理透彻。 4. 语言生动形象，活泼风趣。

续表

篇目	作者	国籍	文体	主旨	写作特色
拿来主义	鲁迅	中国	杂文	本文批判了国民党反动派的卖国主义政策和一些人对待文化遗产的错误态度，阐明了批判继承文化遗产的基本原理和方法，指出了正确的继承和借鉴乃是建设民族新文化必不可少的条件。	1. 运用比喻论证，把深奥的道理说得形象易懂。 2. 语言讽刺幽默，多用反语，有时贬词褒用，有时褒词贬用。 3. 先破后立，破立结合。
千篇一律与千变万化	梁思成	中国	随笔	本文针对20世纪60年代初期我国城市建筑设计中存在的"千篇一律"的现实问题，提出了"既要百花齐放，丰富多彩，又要避免杂乱无章，相互减色；既要和谐统一，全局完整，又要避免千篇一律，单调枯燥"的观点，表达了对现实的关切，表现出对自己专业领域的责任心和使命感。	1. 观点鲜明，结构清晰。 2. 语言平易朴实、明白晓畅，读来亲切易懂。 3. 围绕中心选材，举例典型广泛，有说服力。

(二) 基础模块·下册

篇目	作者	国籍	文体	主旨	写作特色
中国人民站起来了	毛泽东	中国	开幕词	本篇开幕词介绍了中国人民政治协商会议的召开背景，回顾了中国人民的斗争历程，道出了召开中国人民政治协商会议的历史必然性；同时指明了全国人民当前需要注意的问题，并对国家的发展做出了规划。全篇处处洋溢着人民解放战争胜利的喜悦和豪迈的革命情怀。	1. 观点鲜明，不容置疑，文章运用了大量的判断句。 2. 态度坚决，铿锵有力，给人确凿无疑的感觉。 3. 用词精准，看问题全面，睿智理智，富有逻辑。 4. 运用排比的修辞手法，让文章充满气势。 5. 充满信心与希望，大量运用了表示强调的词语和句式。

续表

篇目	作者	国籍	文体	主旨	写作特色
在庆祝中国共产党成立100周年大会上的讲话	习近平	中国	演讲稿	本篇总结回顾了中国共产党团结带领中国人民所取得的伟大成就和经验，给出了第二个百年奋斗目标的行动指南，团结号召全党全国人民继续为第二个百年奋斗目标不懈努力。	1. 讲话层层推进，逻辑严密，关联词高度概括。2. 讲话巧用排比、比喻、反复等手法，语言精要准确，饱含感情。
长征胜利万岁	杨成武	中国	回忆录	本文主要记述了红军到达吴起镇、吴起镇战斗、毛主席在中央召开的全军干部会议上总结长征的功绩和意义并宣布长征胜利等事件，表达了对红军长征历尽千辛万苦终于取得胜利的无比喜悦和激动之情，彰显了无所畏惧的长征精神和汹涌澎湃的革命豪情。	1. 选材围绕中心，详略得当。2. 艺术手法灵活多样。
百合花	茹志鹃	中国	小说	小说以解放战争为背景，选取了一个小的横断面，通过讲述通讯员、"我"和新媳妇之间的故事，以简单的叙事、舒缓的笔调，讴歌了革命战争年代的军民鱼水深情，彰显了人情美和人性美。	1. 选材独特，构思精巧。2. 善于刻画人物心理，表现美好感情。3. 细节描写生动，环境描写富有诗意。

续表

篇目	作者	国籍	文体	主旨	写作特色
祝福	鲁迅	中国	小说	小说通过对祥林嫂一生悲惨遭遇的描写，反映了辛亥革命以后的社会矛盾，深刻地揭示了地主阶级对劳动人民特别是劳动妇女的摧残和迫害，揭示了封建礼教吃人的本质，指出了彻底反封建的必要性。	1. 采用了恰当的环境描写。 2. 进行了精彩的人物刻画。本文围绕人物的遭遇，四次刻画了祥林嫂的肖像，显示出祥林嫂的性格特点，并用白描手法，在前后的对比中显示人物的境遇以及内心的痛苦和悲哀。 3. 对结构进行了精致的设计。采用了倒叙的叙事结构。 4. 用第一人称叙述故事。
群英会蒋干中计	罗贯中	中国	小说	小说反映了曹操与东吴间复杂的政治斗争和军事斗争，赞美了周瑜的卓越军事才干，也告诉我们知彼知己方能百战百胜的道理。	1. 情节设计巧妙，跌宕起伏。课文围绕一个"计"字，以"定计—用计—中计"为情节主线。 2. 课文在情节发展的过程中采用多种方法突出刻画了周瑜、蒋干以及曹操的形象。 （1）以人物的言行、神态表现其性格。 （2）用细节描写刻画人物形象。 （3）用环境描写烘托人物形象。 3. 课文的语言颇具特色，"文不甚深，言不甚俗"，张弛有度，各具特色。

续表

篇目	作者	国籍	文体	主旨	写作特色
套中人	契诃夫	俄国	小说	作者通过别里科夫这样一个人物，愤怒地控诉专制统治，批判腐朽保守的社会思想文化对人的桎梏，反思人性中的奴性弱点，表达了对当时俄国人民的麻木和逆来顺受的痛心之情。	1. 运用象征、隐喻、对比等手法，并赋予其深广的现实意义。 2. 运用夸张与讽刺的手法来展现社会面貌，刻画人物形象。
雷雨	曹禺	中国	话剧	该剧以20世纪20年代的中国社会为背景，以象征手法告诉人们，在半殖民地半封建社会沉闷的空气里，一场大雷雨正在酝酿暴发。这一象征手法贴切地反映了当时劳资矛盾日益尖锐、中国工人阶级正在觉醒、旧制度必定灭亡的社会现实。	1. 人物语言生动而富有个性。 2. 舞台说明必要而恰到好处。 3. 潜台词丰富而含义深刻。 4. 矛盾冲突尖锐。
项链	莫泊桑	法国	小说	小说通过当时法国社会中小人物的梦想和痛苦、追求和遭遇，表现了资本主义社会追求享乐、崇尚虚荣的人情世态，反映了社会的不公平和人性的弱点。	1. 构思精巧缜密，情节一波三折，引人入胜。 2. 运用细腻的心理描写来刻画人物。

续表

篇目	作者	国籍	文体	主旨	写作特色
在马克思墓前的讲话	恩格斯	德国	悼词	文章通过对马克思一生的评述，热情赞颂了马克思对无产阶级革命事业所做出的伟大贡献，表达了对马克思的崇高敬意和深沉的悼念之情。	1. 主体部分，论马克思的贡献，在总说中主次分明，在分说中由轻到重。过渡句的运用使文章结构紧密，层次清晰，论述精要，语意连贯，有极强的说服力。 2. 综合运用叙述、议论、描写、抒情等表达方式。 3. 语言准确、严密，充满感情。
世间最感人的坟墓	茨威格	奥地利	散文	本文是一篇纪实作品，记述的是1928年的一次俄国旅行经历，这一年正是列夫·托尔斯泰一百周年诞辰。茨威格来到他的墓地，凭吊这位俄国批判现实主义作家、世界文学史上杰出的文学家。文章通过对托尔斯泰墓的描写，赞颂了托尔斯泰崇高而朴素的品格，抒发了作者对托尔斯泰的无比敬仰之情。	1. 多处运用对比，以突出托尔斯泰墓的"伟大"和"感人"。 2. 多处运用排比、比拟等手法，把浓厚真挚的情感渗透进所描述的事、物、情、景之中，摇曳多姿。 3. 运用夹叙夹议的写法，淋漓尽致地抒发作者的感情。

续表

篇目	作者	国籍	文体	主旨	写作特色
飞向太空的航程	贾永、曹智、白瑞雪	中国	事件通讯	本文是一篇新闻报道,用生动流畅的语言、翔实的材料和充满自信的笔调,叙述了神舟五号载人飞船升空的壮观场面和中国几代航天人为了圆中华民族"飞天梦"而做的不懈努力,热情讴歌了为"飞天梦"做出贡献的富于智慧与勇于创造的中国人。	1. 标题醒目、简约,富有特色。 2. 课文将新闻事件置于历史的大背景中,立意高远。 3. 语言凝练生动,且字字含情,文学色彩较强,自始至终渗透着浓郁的抒情性。
景泰蓝的制作	叶圣陶	中国	事物说明文	文章详细地说明了景泰蓝的制作过程和方法,介绍了景泰蓝制作中手工操作的特点,赞扬了手工艺人的精湛技艺、劳动和智慧,从而赞颂了中华民族的伟大创造才能。	1. 抓住事物的特征和内在联系,条理清晰地进行说明。 2. 根据说明对象特征安排说明的详略,对"掐丝""点蓝"两道工序介绍得特别详细。 3. 结构上注意过渡和照应。 4. 运用了分类别、打比方、举例子、作诠释等多种说明方法。 5. 语言准确、精练、平实、通俗。
画里阴晴	吴冠中	中国	文艺随笔	这篇文艺随笔通过对中国画和西洋画的比较分析,从技法、表现力及审美等方面凸显它们的不同,水到渠成地归结出自己的主张:艺术要中西合璧,只有善于融合创新,才会有无限的生命力。	1. 选材小中见大。 2. 语言平实易懂,鲜明生动。 3. 运用比喻、引用、衬托等修辞手法。

续表

篇目	作者	国籍	文体	主旨	写作特色
青蒿素：人类征服疾病的一小步	屠呦呦	中国	科普演讲稿	本文通过对青蒿素的发现、临床试验和实际应用的叙写，表现了屠呦呦及其团队坚持目标、勇于探索、不畏艰难的科研精神和无私奉献的爱国情怀，同时也表达了传统中医药学精华在现代技术条件下，必将得到有效利用，造福全人类的观点。	1. 主题明确，饱含感情。 2. 结构完整，思路清晰。本文采用总分总的结构。 3. 语言严谨、朴实、准确，充满了理性的力量。
青纱帐——甘蔗林	郭小川	中国	诗歌	这首诗歌使用象征的手法，借助丰富而合理的想象，以诗人强烈而庄严的感情，把时空距离遥远的青纱帐和甘蔗林联系在一起，并将其作为两个革命时代的象征，勾画了出生入死、浴血奋战的革命战斗画面和如花似锦、充满欢快与幸福的社会主义建设画面，抒发了诗人对老一辈革命者光荣传统的深切怀念，以及对新一代社会主义建设者健康成长的由衷喜悦。	1. 全诗具有饱满的革命激情。 2. 诗歌运用象征手法，表现了深刻的意蕴。象征意义：以"青纱帐"象征艰苦的岁月，以"甘蔗林"象征幸福的生活。 3. 排比、对偶修辞方法的运用，使得诗歌语言富有张力。
晨昏诺日朗	赵丽宏	中国	散文	文章以时间为序，分别描绘了不同时间、不同方位欣赏到的诺日朗瀑布景象，展示了九寨沟诺日朗瀑布的神奇胜景，营造了优美迷人的意境，让人领略到祖国山水的自然之美，表达了对瀑布的喜爱、赞美之情。	1. 行文巧妙，跌宕多姿，具有节奏美。 2. 语言清新明丽，具有语言美。 3. 在描写客观景物时，融入个人主观感受，具有情感美、哲理美。

续表

篇目	作者	国籍	文体	主旨	写作特色
哦,香雪	铁凝	中国	小说	这篇小说描写了火车停靠北方一个偏僻的小山村——台儿沟一分钟,而给宁静的山乡生活带来的波澜;通过对香雪等一群少女的描绘,生动地表达了姑娘们对山外现代文明的向往和追求,对改变山村封闭落后现状、摆脱贫穷的迫切心情,同时表现了山里姑娘的自爱自尊和她们纯美的心灵。小说更深刻的意义在于借台儿沟的一角,写出了改革开放后中国从历史的阴影下走出,摆脱封闭和落后,走向开放和进步的变革历程。	1. 小说构思精巧,截取了几个小小的生活场景,通过火车一分钟的停靠,向人们展现了小山村——台儿沟的生活及其给山民们,尤其是山村少女们带来的全新的感受,并通过她们细致入微的心理变化和感情波澜,折射出时代生活的巨变。 2. 小说的心理描写细腻、动人。 3. 小说清新淡雅,具有诗化的风格。

(三) 职业模块

篇目	作者	国籍	文体	主旨	写作特色
七律二首送瘟神	毛泽东	中国	诗歌	第一首描写了旧社会血吸虫病长期流行,导致广大农村凄凉萧条、劳动人民处境悲惨,深刻揭露和批判了旧社会给劳动人民造成的沉重灾难,表达出作者对血吸虫病斗争胜利的欣喜和对人民生活的深切关切。第二首描写了中华人民共和国成立后,劳动人民振奋精神、战胜瘟神、建设伟大祖国的景象。	1. 两首诗实为一体,前后衔接紧密,意蕴深厚,充满革命浪漫主义色彩,耐人寻味。 2. 对比鲜明,寓情于景。其一描写旧中国,色泽暗淡,人悲鬼欢;其二反映中华人民共和国,色彩热烈,春意盎然。作品深刻地揭露和批判了旧中国

续表

篇目	作者	国籍	文体	主旨	写作特色
					的黑暗与落后，热情歌颂了中华人民共和国的优越与欣欣向荣。 3. 想象丰富，语言凝练。作者用神奇的想象、时空的转换、开阔的视野展现了生动形象的画面。作品中既有理想，又有现实；既有科学，又有神话。对偶诗句音节和谐，互相补充、映衬，增强了语言的形象性和感染力。
宁夏闽宁镇：昔日干沙滩，今日金沙滩	方开燕、贾茹	中国	事件通讯	本文叙写了闽宁镇的由来和发展历程，并以闽宁镇的改革蜕变，表现出闽宁镇人民劳动致富、坚持创业的决心，诠释了乡村振兴战略的丰富内涵，赞美了在党的领导下东西部扶贫协作和对口支援的辉煌成果，揭示了"劳动创造幸福，实干成就伟业"的永恒真理。	1. 选材精当，组材合理，对比清晰。 2. 综合使用多种表达方式，大量引用人物原话，具有现场感和感染力。 3. 在客观叙述之中融入了作者明确的立场与态度。
"探界者"钟扬	叶雨婷	中国	人物通讯	本文围绕五个小标题，精选材料，呈现了钟扬作为植物学家、援藏干部、科普作家、教育专家的主要事迹和成就。作者以"探界者"这一高度评价，将所有材料串连在一起，使人	1. 本文善于用事实说话，选取了一系列真实的事例，彰显人物通讯的理性与客观。这些事例或正面描写，或侧面烘托，多角度表现了钟扬的精神和追求。

续表

篇目	作者	国籍	文体	主旨	写作特色
				物事迹更典型感人，形象更鲜明生动，集中展现了钟扬对生命价值和意义的不懈追求，高度赞扬了他忠于祖国、不计得失、敬业执着、忘我奉献的优秀品质，诠释了"时代楷模"的精神境界。	2. 本文语言简洁质朴，真实再现了多个场景和画面，尤其是生活化、口语化的人物语言，恰到好处地突出了钟扬的品质和精神。
闪亮的坐标——劳模王进喜	根据《国家记忆》2019年播出的《闪亮的坐标——劳模王进喜》整理	中国	解说词	作者以王进喜纪念馆中的一组"石油魂群雕"为切入点，艺术性地引出对铁人王进喜的礼赞——"他不仅仅是工人阶级的楷模，更是一个为国家分忧解难、'独立自主，自力更生'的英雄"。最后一句，既表达了对王进喜逝去的哀思，又表明铁人的先锋模范作用将永世长存，成为国家的记忆，代代流传。	1. 本文是电视纪录片的解说词，有其特有的结构方式。 2. 本文通过解说词与同期声的紧密配合，多角度真实地再现历史细节，极具现场感。
青年在选择职业时的考虑（节选）	马克思	德国	议论文	本文是一篇议论文，其显著特点是思考缜密，推理严谨。作者先从主观到客观，从外部到内部，全面分析了影响人选择职业的各种因素；在此基础上，明确什么样的职业才是最好的职业，以及择业应该遵循的原则；最后顺理成章亮出自己的观点。论述观点时，作者采用正反对比、演绎等多种论证方法，条分缕析，说服力强。	1. 本文的语言严谨生动，富有情感。为了增强论证效果，作者有时使用修辞手法，使语言形象生动而准确；有时使用灵活多变的句式，增强文章的感染力。 2. 观点深刻，结构严谨，字里行间蕴含着浓烈的情感。

续表

篇目	作者	国籍	文体	主旨	写作特色
简单相信，傻傻坚持	樊锦诗、顾春芳	中国	人物传记	本文是一篇人物传记，以第一人称叙述樊锦诗从出生到求学，从毕业选择职业到成为敦煌研究者，用几十年坚守理想信念，研究敦煌，守护敦煌，发扬和延续莫高窟新的文化生命，成为"敦煌的女儿"的过程。本文真实呈现了樊锦诗在艰苦的环境下，战胜孤独，选择留下做"莫高窟的守护人"的心路历程，在朴实、简洁的叙述中，融入对人生的思考，体现了一位文物保护工作者冷静睿智、理性包容的人生态度，读来真挚感人。	1. 以议论、抒情为主要表达方式，穿插运用叙述、描写。 2. 本文是一篇口传自述，采用第一人称叙述，以口语化闲聊的方式、亲切自然的语调，将自己内心的痛苦和迷茫、信念与追求娓娓道来。
品质	高尔斯华绥	英国	小说	小说赞扬了鞋匠格斯拉恪守职业道德、宁可饿死也不肯偷工减料的高尚品质，表现出对底层劳动者的尊重。同时，作者也借这个形象，揭露了工业革命、市场竞争带来的商业诚信危机，批判了在资本主义浪潮中盲目追求利益而忽视品质的社会通病。	1. 主题深刻，耐人寻味。 2. 写作手法多样，塑造的人物形象立体。 3. 使用第一人称，亲切真实。

续表

篇目	作者	国籍	文体	主旨	写作特色
鉴赏家	汪曾祺	中国	小说	本文叙述了果贩子叶三与大画家季匋民赏画藏画、相知相惜的故事，塑造了叶三这一独特的"鉴赏家"的形象，表现了风俗、生活、人性和艺术之美。小说没有曲折的情节，没有激烈的矛盾，体现了作者淡化小说故事情节，以散文笔调写小说的艺术风格。	1. 虽是小说，但是散文意味浓厚，语言朴实自然，清新委婉，读起来余味无穷。 2. 情节、环境和人物都呈现出汪曾祺独有的风格。
唐宋大诗人诗中的物候	竺可桢、宛敏渭	中国	说明文	本文是一篇科普说明文，介绍了唐宋诗人诗中植物、候鸟所反映的物候知识，说明物候因地而异、因时而异的特点，并指明了物候研究的方向。作者结合人们熟知的唐宋诗句来介绍科学知识，巧妙地将知识性与文学性融为一体，将专业性与趣味性有机结合，使文章呈现出独特的艺术魅力。同时，作者又能从唐宋诗句中发掘出常人所未见的物候知识，显示出对自然的热爱之情，以及善于观察、勤于思考的科学态度和科学精神。	1. 广征博引，融知识性和文学性于一体。 2. 情理兼具，寓情于理。
动物游戏之谜	周立明	中国	说明文	本文从动物行为研究的视角介绍了动物游戏方面的科学知识以及人类对动物游戏行为的研究情况和研究成果，启示人们积极地去探求动物游戏的目的。	1. 既有科学性，又蕴含丰富的人文内涵。 2. 层层递进，逻辑严密。 3. 介绍以"浅出"的话语方式进行，语言准确又生动、亲切，充满趣味。

续表

篇目	作者	国籍	文体	主旨	写作特色
南州六月荔枝丹	贾祖璋	中国	说明文	本文从生态特征和生产情况两个方面介绍荔枝的有关知识,提出了大力发展荔枝生产的建议。	1. 结构严密,条理清楚。 2. 综合运用了举例子、打比方、列数字、引用等多种说明方法,特别是大量引用古诗文,既增强了文学色彩,又充实了文章的内容。 3. 语言精密、准确、简洁。
统筹方法	华罗庚	中国	说明文	本文讲述了数学家华罗庚根据毛泽东同志"统筹兼顾""抓主要矛盾"的哲学思想,系统研究了统筹方法在经济建设中的实际应用,并亲临生产一线试点,取得了巨大成功。	1. 思路清晰,逻辑严密。 2. 综合运用了举例子、画图表、作比较的说明方法,将复杂深奥的数学方法说得浅显易懂。
北斗,每一颗星都在闪亮	徐颖	中国	演讲稿	作者在这篇演讲稿中讲述了建设北斗系统的背景、历程、原理和科技创新与应用情况,不仅表达了对北斗系统领先国际的赞叹,也自然流露出对北斗系统自主创新、服务全球的自豪,既向读者普及北斗系统的知识,又给读者以精神的洗礼。	1. 综合运用多种说明方法将科学知识说得通俗易懂。 2. 语言平实而又饱含感情。

我来试一试

知识训练完成后,同学们进入正式竞赛阶段,现在需要完成以下题目。

1. 下列作品、文体、作者、作者国籍对应不正确的一项是
（   ）

A. 《哦,香雪》　　　　　小说　　　铁凝　　　中国
B. 《景泰蓝的制作》　　　议论文　　叶圣陶　　中国
C. 《马克思墓前的讲话》　悼词　　　恩格斯　　德国
D. 《项链》　　　　　　　小说　　　莫泊桑　　法国

2. 下列对课文的分析不正确的一项是（   ）

A. 《荷塘月色》主要运用写实的手法,把无声的景物比作有声的东西,把本来处于静态的事物动态化,使画面有声有色,静中有动。

B. 《最后一片叶子》通过写苏珊用生命描绘"最后一片叶子",帮助琼希重拾生存意志而自己死亡的故事,讴歌了其舍己为人的高尚品质,表现了社会下层小人物之间互相关爱、鼓励、支持的温情。

C. 《国家的儿子》巧妙地通过时间线索,综合展示了歼-15舰载机研制现场总指挥罗阳的生平事迹,深刻诠释了罗阳同志信念坚定、恪尽职守、忘我奉献的崇高品德。

D. 《林黛玉进贾府》通过林黛玉进贾府这一中心事件,以林黛玉的所闻、所见、所感为线索介绍贾府,传神地描绘了林黛玉、王熙凤、贾宝玉等的外貌和性格特征,展示了贾府豪华的环境、奢侈的生活、森严的等级礼法。

3. 下列作品、文体、作者、作者国籍对应不正确的一项是
（   ）

A. 《景泰蓝的制作》　　　　说明文　　叶圣陶　　中国

B.《青纱帐——甘蔗林》　　　古典诗　　　郭小川　　　中国

C.《群英会蒋干中计》　　　小说　　　　罗贯中　　　中国

D.《中国人民站起来了》　　开幕词　　　毛泽东　　　中国

4. 下列对课文的分析不正确的一项是　　　　　　　　　（　　）

A.《青纱帐——甘蔗林》是一首政治抒情诗,作者巧妙地用青纱帐衬托甘蔗林,抒发了建设和保卫祖国的欣慰之情。

B.《飞向太空的航程》是一篇新闻,主体部分没有承接导语部分去叙述神舟五号飞船发射的经过、情景,而是把这一事件放在历史的语境中去看。

C.《长征胜利万岁》在呈现历史事实的同时,恰当地融入议论和抒情,表达长征胜利后红军将士的喜悦之情及对革命美好未来的向往之情。

D.《祝福》通过对祥林嫂这一中国社会最底层、最苦难的劳动妇女形象的塑造,抨击了封建礼教"吃人"的本质,指出彻底反封建的必要性和迫切性。

5. 下列作品、文体、作者和作者国籍对应不正确的一项是

（　　）

A.《世间最感人的坟墓》　　散文　　　茨威格　　　德国

B.《长征胜利万岁》　　　　回忆录　　杨成武　　　中国

C.《套中人》　　　　　　　小说　　　契诃夫　　　俄国

D.《青纱帐——甘蔗林》　　诗歌　　　郭小川　　　中国

6. 下列对课文的分析不正确的一项是　　　　　　　　　（　　）

A.《在庆祝中国共产党成立 100 周年大会上的讲话》是习近平总书记在中国共产党迎来百年华诞的重要历史时刻发表的讲话,回顾了中国共产党百年奋斗的光辉历程,给出了实现第二个百年奋斗目标的行动指南,展望了中华民族伟大复兴的光明前景。

B.《祝福》采用倒叙手法,将悲剧结局放在小说的开头,把

祝福的景象和祥林嫂的死连在一起，形成强烈的对比。

C. 《乡土中国》是一部分析中国乡村社会结构和特点的社会学著作。作者费孝通用通俗、简洁的语言对中国基层传统社会的主要特征进行了概述和分析，全面展现了乡土社会的面貌和内在的精神气质。

D. 《永遇乐·京口北固亭怀古》上阕即景抒情，由京口联想到与之相关的历史英雄孙权和刘义隆，表面上是表达对他们的赞扬与敬佩，暗含的则是对主战派的期望及对南宋朝廷苟安者的谴责。

参考答案：

【我来测一测】

【答案】 B　契诃夫是俄国人

第二章　文言文文学常识及课文赏析

我来测一测

为了深入探析古典文章思想和手法之美，现在需要你完成"品析文言之字，鉴赏古典之文"专题活动的任务三——"辨析文思，掌握手法"。（本题2分）

以下内容不正确的一项是　　　　　　　　　　　（　　）

A.《将进酒》气势奔放，语言豪迈，句法明快多变，充分反映了李白放纵不羁的性格。

B.《论语》是孔子及其弟子编著的记载孔子及其弟子言行的语录体散文，是儒家思想的经典著作，为"四书"之一。

C.《劝学》是《荀子》中的第一篇，中心论点是"学不可以已"，全文通篇采用了对比论证的论证方法。

D.《赤壁赋》将情、景、理三者融于一体，表达了作者忘怀得失，寻求自我超脱的情怀。

我的得分为＿＿＿＿＿分

我来看一看

篇目集锦

篇目	作者	朝代	主旨	写作特色
种树郭橐驼传	柳宗元	唐	本文通过对郭橐驼种树之道的记叙，说明"顺木之天，以致其性"是"养树"的法则，并由此推出"养人"的道理，指出为官治民不能"好烦其令"，指摘中唐时期吏治的扰民、伤民的行为，反映出作者同情人民的思想和改革弊政的愿望。	1. 将叙事与说理融于一体。 2. 运用对比和类比的说理方式。
促织	蒲松龄	清	《促织》是《聊斋志异》中一篇具有深刻社会批判意义的小说。它通过描写主人公成名因被迫交纳促织而备受摧残、几近家破人亡的悲惨遭遇，反映了封建社会皇帝荒淫无道，巡抚、县令、胥吏上行下效、横征暴敛的黑暗现实，寄托了对受尽欺凌和压迫的社会底层群众的深切同情。	1. 借古讽今：通过讲述前朝故事的形式，寄托对现实的不满，借古讽今。 2. 以喜写悲：将人间悲剧幻化成喜剧的形式，蕴含着更为深沉的悲哀，谴责和讽刺的意味更加辛辣。 3. 现实与想象相交融：作者虚构虚幻情节，强有力地揭露社会的黑暗、统治集团的腐朽，从而实现自己的创作意图。

续表

篇目	作者	朝代	主旨	写作特色
子路、曾皙、冉有、公西华侍坐	孔子弟子及其再传弟子	战国	本文通过记述孔子和四个弟子的一次谈话，反映了儒家"足食足兵""先富后教""礼乐治国"的政治思想及孔子循循善诱、因材施教的教育方法。	1. 全篇以"言志"为中心组织材料，思路清晰，极有层次，不蔓不枝，文意明晰。 2. 本文虽然是语录体，但人物的语言能鲜明表现其性格特征，少量的行动描写也能表现出各自不同的神情。
寡人之于国也	孟子	战国	文中孟子以形象的比喻分析梁惠王"民不加多"的原因，并结合自己的"仁政""民本"思想提出解决"民不加多"问题的具体措施。这场对话集中体现了孟子的"仁政""民本"思想，也充分反映了孟子高超的语言艺术。	1. 结构严谨又富于变化。 2. 善于运用比喻说理。 3. 运用了排比和对偶的修辞手法。
劝学	荀子	战国	文章围绕"学不可以已"的中心论点，着重论述了学习的重要意义、作用和学习方法及正确的学习态度，勉励人们努力学习。	1. 通篇运用大量的比喻进行说理，把抽象的道理说得明白具体，通俗易懂。 2. 文中还运用了大量的正反对比论证方法，增强了文章的说服力。
公输	墨子、墨子弟子及再传弟子	战国	文章记述了墨子说服公输盘和楚王，成功阻止楚国攻打宋国的经过，表现出墨子"兼爱""非攻"的思想和高超的论辩艺术。	1. 情节曲折有致。 2. 语言极富表现力。

续表

篇目	作者	朝代	主旨	写作特色
庖丁解牛	庄子	战国	本文通过庖丁解牛的场面描写以及庖丁的动作、语言和神态描写,刻画了一位善于思考、工作谨慎、技艺精湛的厨师形象,说明一切事物都有它的客观规律,只要反复实践,不断积累经验,就能认识和掌握事物的规律,做到"游刃有余"。	1. 善于用寓言来讲道理。 2. 善于刻画人物形象。
师说	韩愈	唐	文章针对当时士大夫耻学于师的恶劣风气,阐述了老师的作用,强调了从师学习的重要性和应有的态度,提倡能者为师、不耻下问、教学相长。	1. 全文气势通畅,"破"得彻底,立论正确严密,表达富于变化。 2. 环环相扣,前后照应。 3. 整齐的排偶句和灵活的散句交替运用,错落自如。 4. 运用了正反对比的论证方法。
烛之武退秦师	左丘明	春秋	本文记叙了秦晋联合攻打郑国之前,烛之武以一己之力,凭借对时局的洞若观火和过人的辩才,终于使郑国免于灭亡,表现了烛之武临危不惧、解除国难的精神以及能言善辩的杰出外交才能。	1. 伏笔照应,组织严密。 2. 波澜起伏,生动活泼。 3. 详略得当,说理透彻。

续表

篇目	作者	朝代	主旨	写作特色
廉颇蔺相如列传（节选）	司马迁	西汉	本文选取"完璧归赵""渑池之会""廉蔺交欢"三个典型事件，刻画了蔺相如大智大勇、威武不屈、不畏强暴的形象及其从大局出发的崇高精神，同时也凸显了廉颇忠于国家、勇于改过的可贵品质。	1. 通过典型事件刻画人物性格。 2. 在矛盾冲突中刻画人物性格。 3. 以富有代表性的细节刻画人物性格。 4. 运用个性化的语言刻画人物。 5. 运用对比衬托之法刻画人物。
赤壁赋	苏轼	北宋	本文通过主客问答方式表达了作者的人生哲学。作者认为，若以变化的观点看事物，则万事万物每一瞬间都在变；若以不变的观点看事物，则万物与我们都是无穷尽的，不必哀叹人生的短促，应好好享用。"取之无禁，用之不竭""造物者之无尽藏"，表现了作者豁达乐观、积极进取的人生态度。	1. 将写景、抒情、议论紧密结合。 2. 采用了"以文为赋"的体裁形式。 3. 具有优美形象的语言特色。运用了多种修辞手法，语言精当生动，押韵灵活自由。运用叠字，富有音乐美。
项脊轩志	归有光	明	作者以书斋项脊轩为经，以归家几代人的人事变迁为纬，以"喜""悲"情感为线索，真实再现了祖母、母亲、妻子的声容笑貌，也表达了作者对三位已故亲人的深沉怀念。	1. "喜""悲"两种情感相互衬托，彼此交织，将文章推到悲喜交集的境界。 2. 善于从日常生活中选取感受最深的细节和场面，表现人物的风貌，寄托内心的感情。 3. 语言质朴，不加藻饰，增加了真情的传达力量。

古代诗词

篇目	作者	朝代	主旨	写作特色
伐檀	选自《诗经·魏风》	春秋	《伐檀》讽刺了奴隶主统治阶级不劳而获、坐享其成的丑恶本质，表达了劳动人民内心的怨恨。	1. 运用了对比手法。 2. 运用了重章复沓的手法。 3. 句式灵活多变，四言、五言、六言、七言乃至八言都有。 4. 运用了"赋""兴"的表现手法。
无衣	选自《诗经·秦风》	春秋	这是一首激昂慷慨、同仇敌忾的战歌，表现了秦国军民团结互助、共御外侮的高昂士气和乐观精神。	1. 风格矫健爽朗。 2. 重章叠唱。
念奴娇·赤壁怀古	苏轼	北宋	此词怀古抒情，写自己壮心消磨殆尽，转而以旷达之心关注历史和人生，抒发了词人对往昔英雄人物的无限怀念和敬仰之情，以及词人对自身坎坷人生的感慨之情。	1. 环环相扣，环环相生，一气呵成。 2. 气势磅礴，格调雄浑。 3. 运用衬托手法，正衬和反衬相结合。
静女	选自《诗经·邶风》	春秋	以第一人称"我"（男青年）写一次恋人约会，把人、物、情巧妙地融合起来，表现了男女青年热烈而淳朴的恋情。	1. 重章叠句、反复咏唱，细节描写。 2. 运用"赋"法，敷陈其事，简洁明快。 3. 情调活泼风趣，风格含蓄蕴藉。
短歌行	曹操	魏晋南北朝	这首诗是以汉乐府旧题创作的诗歌，表达了诗人渴望广揽贤才、建功立业的宏愿，抒发了对人生苦短的忧叹，以及天下贤才定能归附自己的自信。	1. 诗歌慷慨激昂，气象宏大，节奏明快。 2. 运用了比兴手法。 3. 化用典故或引用前人诗句表达心志，将言志与抒情相结合。

续表

篇目	作者	朝代	主旨	写作特色
春江花月夜	张若虚	唐	此诗沿用陈隋乐府旧题,以"月"为线索,描绘了一幅幽美邈远、惝恍迷离的春江月夜图,抒写了游子思妇真挚动人的离情别绪以及富有哲理意味的人生感慨。	1. 以"月"为线索,融良辰美景、生活情趣和人生哲思于一体。 2. 情景相融,情理相生,时空叠合,虚实互补,营造出一种空灵邈远的意境。 3. 语言清丽,富有生活气息。
燕歌行并序	高适	唐	这首诗运用歌行体,通过续写边塞战争、游子思妇,慨叹征战之苦,谴责将领骄傲轻敌、荒淫失职,造成战争失利,使战士受到极大痛苦和牺牲,反映了士兵与将领之间苦乐不同、庄严与荒淫迥异的现实,讽刺和愤恨不恤战士的将领。	1. 另辟蹊径,着重写军中矛盾。 2. 主题雄健激越,慷慨悲壮。
国殇	屈原	战国	全诗生动地描写了战况的激烈和将士们奋勇争先的气概,对雪洗国耻寄予热望,抒发了作者热爱祖国的高尚感情。	1. 战斗场面描写出色。 2. 叙赞结合。 3. 修辞灵活。 4. 句式整齐。
永遇乐·京口北固亭怀古	辛弃疾	南宋	这首词通过怀古,表现了词人抗金救国、恢复中原的热切愿望和壮志难酬的苦闷,也表现了对南宋统治者苟且偷安、不图恢复、不善用人才的愤懑。	1. 作者的政治见解和战略主张通过历史形象表露出来,而又不破坏词的美感。 2. 用典贴切,寄意深远。 3. 对比鲜明,委婉深沉。

续表

篇目	作者	朝代	主旨	写作特色
声声慢·寻寻觅觅	李清照	宋	这首词通过描写残秋所见、所闻、所感，抒发自己因国破家亡、天涯沦落而产生的孤寂落寞、悲凉愁苦的心绪，具有浓厚的时代色彩。	1. 语言通俗自然，运用铺叙手法写景抒情。 2. 善用叠词，回环往复。
归园田居（其一）	陶渊明	东晋	这首诗主要写诗人摆脱污浊官场来到清新的农村后的自由生活和愉快心情，表现了"不为五斗米折腰"的浩然傲气和鄙弃官场、厌恶功名的高洁情怀。	1. 层次清晰，结构严谨。 2. 善于写景，情景交融。 3. 运用比喻和反衬的手法。 4. 语言朴素自然。
将进酒	李白	唐	这首诗通过对时光流逝的慨叹以及与朋友痛饮共醉的描写，表达诗人对自己仕途失意、怀才不遇的强烈愤慨和郁郁不得志之情。这首五言律诗表达了诗人内心漂泊无依的伤感，流露出诗人孤寂悲愤之情。	1. 气势奔放，语言豪迈。 2. 句法明快多变。 3. 反映了李白放纵不羁的性格与文风。
登高	杜甫	唐	诗人通过登高所见秋江景色，将个人身世之悲、离乱之苦、抑郁不得志之情融于悲凉的秋景之中，倾诉了常年漂泊、老病孤愁的复杂情感和抱负无成的怅恨，极尽沉郁顿挫之能事。	1. 行文富于变化，呈现出开阔的意境。 2. 八句皆对，语言顿挫，富有音乐美感。

续表

篇目	作者	朝代	主旨	写作特色
过华清宫绝句三首（其一）	杜牧	唐	这首诗以传送荔枝这一具体事件，以微见著，嘲讽了唐玄宗和杨贵妃骄奢淫逸的生活，表达了诗人对最高统治者穷奢极欲的愤慨之情。	1. 结构巧设悬念，颇具匠心。 2. 以微见著，借古讽今。 3. 含蓄委婉，寓意精深，意味悠长。
锦瑟	李商隐	唐	作者在诗中追忆了自己的青春年华，感叹自己不幸的遭遇，寄托了悲慨、愤懑的心情，借用庄生梦蝶、杜鹃啼血、沧海珠泪、良玉生烟等典故，表达其真挚浓烈而又幽约深曲的情思。	1. 善用典故。 2. 采用了比兴手法。 3. 运用了联想和想象，把听觉的感受转化为视觉形象。 4. 词藻华美，含蓄深沉，情真意长。
虞美人	李煜	南唐	"愁"是本篇的核心情感，作品中既有往事之叹、故国之思、亡国之恨，又有离家之痛、思家之苦。	1. 虚实结合。实写"物是"，虚写"人非"。 2. 情景交融。 3. 运用了白描手法，以及比喻、对比等修辞手法。 4. 笔法起伏跌宕。连续发问，问天、问人、问自己。
破阵子	晏殊	北宋	词人紧紧围绕春景展开描写。上阕描写自然风光：燕子飞舞，梨花初落，池塘生苔，黄鹂清啭，飞絮轻飘，一派生机盎然的春色。下阕描绘少女们踏青游春的情景：采桑小路上的相逢，有趣的游戏，灿烂的笑容，写出了她们的天真活泼和高昂兴致，呈现出春日里浓郁的生活气息。	1. 纯用白描手法，风格朴实。 2. 笔调清新活泼，形象生动。

续表

篇目	作者	朝代	主旨	写作特色
苏幕遮	范仲淹	北宋	这首词上阕从辽阔的秋景写起，先用"天""地""波"组成了一幅立体的画面，再用"山映斜阳天接水"一句总括，把浓浓的思乡之情渲染得淋漓尽致；下阕重在抒情，直抒胸臆，声情并茂，意致深婉，抒写羁旅乡思之情。	1. 借景抒情，情景交融。 2. 运用反衬手法。以芳草之无情衬托词人思乡之情切，韵味深长；以"留人睡"反衬因思乡夜夜无眠。 3. 笔力沉郁雄健，意境悠远高广。
雨霖铃	柳永	北宋	全词以时间发展为序，通过写送别和别后情况的层层设想，在倾诉难以割舍的离愁中，抒发了对生平遭遇坎坷的感慨。	1. 以秋景写离情，情景交融。 2. 虚实结合，层层递进，一气呵成。 3. 运用铺陈的手法来渲染凄惨的别情。 4. 语言自然明畅，不尚雕琢，以白描取胜，表现了一种清和朗畅、意致绵密、秀淡幽绝的风格特色。
桂枝香·金陵怀古	王安石	北宋	这首词上阕写金陵之景，以"登临送目"总领全篇，先点明登临之地与时节，随后描写登临所见景色，再以"画图难足"结句，表达赞美叹赏之情。下阕怀古，承上阕金陵胜地的繁华生发感慨，以"念往昔"领起，感叹六朝竞逐奢靡相继灭亡；继而陈说空叹兴亡荣辱没有意义；最后三句借古讽今，表现了对国家前途命运的深切担忧。	1. 景色壮丽，意境开阔。 2. 怀古伤今，借古讽今。

227

续表

篇目	作者	朝代	主旨	写作特色
苏幕遮	周邦彦	北宋	这首词上阕主要描绘荷叶和荷花姿态，下阕由荷花梦回故乡。全词写景、写人、写情、写梦皆语出天然，不加雕饰而风情万种，通过对清圆的荷叶、五月的江南、渔郎的轻舟这些情景进行虚实变幻的描写，把思乡之情表达得淋漓尽致。	1. 情景交融，浑然天成。 2. 动静结合，虚实结合。 2. 语言质朴无华，清新淡雅。
书愤	陆游	南宋	这首诗概括了诗人一生的心事和抱负，洋溢着诗人的爱国热情和对"功未立、人已老"、失地收复无望的悲愤之情。	1. 感情沉郁，气韵浑厚，雄放豪迈。 2. 今昔对比，"愤"在其中。
扬州慢	姜夔	南宋	这首词通过今昔对比，寄托了对扬州昔日繁华的怀念，表达了对今日山河残败的哀思。它既控诉了金朝统治者发动掠夺战争所造成的灾难，又谴责了南宋王朝的偏安政策。	1. 今昔对比，表达哀思。 2. 围绕"黍离之悲"这个主题，化景物为情思。 3. 语言雅洁洗练，笔法空灵，清刚峭拔。

我来试一试

班级开展"品析文言之字，鉴赏古典之文"专题学习活动，已近学期末了，请你继续参与。

1. 下列对课文的表述不正确的一项是　　　　（　　）

A. 《伐檀》是鲁国的民歌，是一首伐木者之歌，是一首嘲骂剥削者不劳而食的诗，是《诗经》中反剥削、反压迫最有代表性的诗篇之一。
B.《种树郭橐驼传》用种树要"顺木之天,以致其性"类比治民要"顺民之天,以致民之性",用种树要"其莳也若子"类比做官要爱护老百姓,层层类比,环环相扣。
C.《念奴娇·赤壁怀古》借古抒怀,雄浑苍凉,大气磅礴,笔力遒劲,境界宏阔,将写景、咏史、抒情融于一体,给人以撼魂荡魄的艺术力量,曾被誉为"古今绝唱"。
D.《促织》是《聊斋志异》中深刻揭露黑暗现实的篇章之一。作品以斗促织的宫廷嬉戏作为引线,通过曲折变化的情节揭露黑暗的社会现实。

2. 下列对课文的分析不正确的一项是　　　　　（　　）
A.《国殇》通篇直赋其事,情感强烈;全部采用七言句式,句式整齐,表现力强;使用楚辞中常见的语气助词"兮",节奏感强。
B.《廉颇蔺相如列传》按照时间顺序,叙述了完璧归赵、渑池之会、将相和三个故事。
C.《左传》是我国古代第一部叙事完备的纪传体史书,更是先秦散文的代表。作品原名为《左氏春秋》。
D.《烛之武退秦师》中烛之武能说服秦伯退兵,主要是因为烛之武善于利用秦晋之间的矛盾,言谈中又似乎处处都在为秦国利益着想,从而打动了秦伯,让秦伯欣然接受。

3. 下列对课文的分析正确的一项是　　　　　　（　　）
A.《登高》用大量带有秋季季节特色的意象,营造出天地萧瑟悲凉的意境,渲染了诗人登高望远时内心无尽的悲凉之情。
B.《项脊轩志》以作者书斋"项脊轩"为中心,记述了与项脊轩有关的人和事,表达了对它的喜爱之情及对祖母、父亲、母亲和妻子的思念之情。

C. 《锦瑟》属于诗人中年回忆之作，运用了典故、比兴、象征手法，诗中蝴蝶、杜鹃是象征，珠、玉属比兴，创造出明朗清丽、幽婉哀怆的艺术意境。

D. 《苏幕遮（碧云天，黄叶地）》是一首描写送别友人的词，整首词由景及情，融情于景，以芳草之无情衬托词人思念友人之情切，韵味深长。

4. 下列对课文的分析不正确的一项是 （   ）

A. 《庖丁解牛》通过庖丁解牛的场面描写以及庖丁的动作、语言和神态描写，刻画了一位善于思考、技艺精湛的厨师形象。

B. 《师说》论述了老师的重要性和从师学习的必要性，赞扬了当时士大夫尊师的社会风气，文章说理严密，环环相扣。

C. 《廉颇蔺相如列传》中"廉蔺交欢"表现了蔺相如在对待与廉颇之间矛盾时的隐忍退让、宽宏大度和先国家之急而后私人恩怨的精神风貌。

D. 《永遇乐·京口北固亭怀古》多处用典、借古讽今，其中借孙、刘的典故，表达对英雄业绩的向往和对南宋统治者的批评。

5. 下列对课文的分析不正确的一项是 （   ）

A. 《劝学》中"𫐓以为轮""木受绳则直""金就砺则利"等比喻的运用，是为了说明人的知识、才能、品性不是先天生成的，是后天通过学习改变获得的。

B. 《廉颇蔺相如列传》中"廉蔺交欢"表现了蔺相如在对待与廉颇之间矛盾时的隐忍退让、宽宏大度和先国家之急而后私人恩怨的精神风貌。

C. 《论语》是孔子及其弟子编著的记载孔子及其弟子言行的语录体散文，是儒家思想的经典著作，为"四书"之一。

D. 《归园田居（其一）》通过叙述陶渊明平生志趣和描写田

园生活，表现了诗人对仕途的憎恶和摆脱尘网的快慰，抒发了对山林生活的热爱之情。

参考答案：

【我来测一测】

【答案】B

"我来试一试" 参考答案

第一编 基础知识及运用

第一章 语音

【我来试一试】

萌发(méng)　　翩然归来(piān)　　销声匿迹(nì)

蕴藏(yùn)　　磅礴(bó)

第二章 字形

【我来试一试】

摇yè(曳)　　qì(契)合　　细nì(腻)　　浅zhēn(斟)低唱

第三章 词义

【我来试一试】

1. 【答案】A

【详解】"坚韧不拔"的意思是"形容信念坚定，意志顽强，不可动摇"。"顽强拼搏"的意思是"用不屈的信念去努力拼搏"。

2. 【答案】锋芒、不平凡

3. 【答案】A

【详解】A选项"相辅相成"的意思是"两件事物互相配合，互相补充"，使用正确。B选项"异想天开"的意思是"形容想法离奇，不切实际"，为贬义词，不能形容推动中国科幻发展，褒贬误用，使用有误。C选项"各得其所"的意思是"每一个人或事物都得到合适的安排"，不能形容越来越多的青年科幻作家从事创作，使用有误。D选项"不期而至"的意思是"没有约定就到来"，不

"我来试一试"参考答案

能形容不同类型的科幻题材影视剧被创作出来，使用有误。

第四章　关联词

【我来试一试】

1.【答案】B

【详解】从"不像小说那么重细节""诗歌也是有细节的"可知这里是转折的关系，排除 A、C 选项；"虚中有实还是实中有虚的抒情诗"，由上句可知是说它们都有细节，排除 D 选项，故选 B 选项。

2.【答案】B

【详解】从文中说"并不是说在整个学习过程中绝对不去参看译文"可推断第一空和第二空的内容是参看译文的条件，可排除 A、D 选项。第二空"并且"一是用在两个动词词组之间，表示两个动作同时或先后进行；二是用在复合句中后一句里，表示更进一层的意思。"而且"一是表示递进；二是表示强调，多与其他的连接词共同使用，加强要强调的内容。在此空要比较出哪个更恰当，难度很大。因此应暂时放弃比较。看第三空，联系前面的几句，我们可以注意到一处是"如果"，根据假设关系的关联词"如果（假使、假如、要是、倘若、要是）……就（那么、那、便）"，就排除 C 选项，选 B 选项。

第五章　语病

【我来试一试】

1.【答案】C

【详解】A 选项，语序不当，"了解沙尘暴，认识沙尘暴"应改为"认识沙尘暴，了解沙尘暴"。B 选项，成分残缺，应在"择优录取"后加"原则"；搭配不当，"鼓励"改为"形成"。D 选项，关联词语"不仅"的位置不当，应把"不仅"调到"我们的城市"前面。

233

2.【答案】C

【详解】A 选项缺主语，删去"由于"。B 选项主宾搭配不当。D 选项"经常性"与"频频"语义重复。

第六章　标点

【我来试一试】

1.【答案】A

【详解】B 选项三处顿号应改为逗号。C 选项"一、二十只"表约数，应把中间的顿号删掉。D 选项"老师再三对我们说"后面应用逗号，因为"老师再三对我们说"是插入语。

2.【答案】B

【详解】A 选项，双引号改为书名号。C 选项，将冒号改为逗号。D 选项，将句号放在句末小括号之外。

第七章　修辞

【我来试一试】

1.【答案】B　通感

2.【答案】A　比喻

3.【答案】C　讳饰

4.【答案】A　比喻

5.【答案】D　比喻

第八章　句式

【我来试一试】

1.【答案】B　疑问句

2.【答案】A

【详解】B 选项为常式句，C 选项为肯定句，D 选项为散句。

"我来试一试"参考答案

第九章　表达方式

【我来试一试】

1. 【答案】D　议论

2. 【答案】B　描写

3. 【答案】C　议论和抒情

4. 【答案】A　议论

5. 【答案】A

【详解】B选项应为说明，C选项应为描写，D选项应为议论。

第十章　表现手法

【我来试一试】

1. 【答案】C　对偶

2. 【答案】A　排比

第十一章　名句

【我来试一试】

1. 【答案】怅寥廓，问苍茫大地，谁主沉浮？

2. 【答案】寘之河之漘兮，河水清且沦猗。

3. 【答案】岂曰无衣？与子同袍。（或者其他类似句）

4. 【答案】乱石穿空，惊涛拍岸，卷起千堆雪。

5. 【答案】青，取之于蓝，而青于蓝。（或者：冰，水为之，而寒于水。）

6. 【答案】（是故）弟子不必不如师，师不必贤于弟子。

7. 【答案】匪女之为美，美人之贻。

8. 【答案】周公吐哺，天下归心。

9. 【答案】人生代代无穷已，江月年年望相似。

10. 【答案】君不见沙场征战苦，至今犹忆李将军。

11. 【答案】女娲炼石补天处，石破天惊逗秋雨。

12. 【答案】身既死兮神以灵，子魂魄兮为鬼雄。

235

13. 【答案】凭谁问：廉颇老矣，尚能饭否？

14. 【答案】梧桐更兼细雨，到黄昏、点点滴滴。

15. 【答案】少无适俗韵，性本爱丘山。

16. 【答案】君不见黄河之水天上来，奔流到海不复回。君不见高堂明镜悲白发，朝如青丝暮成雪。

17. 【答案】万里悲秋常作客，百年多病独登台。

18. 【答案】一骑红尘妃子笑，无人知是荔枝来。

19. 【答案】庄生晓梦迷蝴蝶，望帝春心托杜鹃。（或者：沧海月明珠有泪，蓝田日暖玉生烟。）

20. 【答案】问君能有几多愁，恰似一江春水向东流。

21. 【答案】燕子来时新社，梨花落后清明。

22. 【答案】酒入愁肠，化作相思泪。

23. 【答案】红雨随心翻作浪，青山着意化为桥。

24. 【答案】今宵酒醒何处？杨柳岸，晓风残月。

25. 【答案】至今商女，时时犹唱，后庭遗曲。

26. 【答案】小楫轻舟，梦入芙蓉浦。

27. 【答案】塞上长城空自许，镜中衰鬓已先斑。

28. 【答案】杜郎俊赏，算而今，重到须惊。

第二编　文言文阅读

第一章　字音

【我来试一试】

【答案】

1. 蛟(jiǎo)→(jiāo)　　2. 跂(jī)→(qǐ)

3. 乘(chèng)→(shèng)　　4. 惊(jǐng)→(jǐn)

"我来试一试"参考答案

第二章 实词

【我来试一试】

【答案】

1. 曲在赵：理亏

4. 间至赵矣：名词作状语，从小路

7. 如其礼乐：至于

10. 焉用亡郑以陪邻：增加

12. 虫集冠上：止

第三章 虚词

【我来试一试】

1. 【答案】C

【详解】C选项助词，用在时间词或动词（多为不及物动词）后面，凑足音节，无实在意义。A、B、D选项均为代词。

2. 【答案】A

【详解】A选项介词，放在形容词后，表示比较，一般可译为"比"。B、C、D选项介绍动作行为发生的时间、处所、所涉及的对象，可译为"在""在……方面""在……中""向""到""自""从""跟""对""对于""给""由于"等。

3. 【答案】C

【详解】C选项连词，表目的，可译为"来""用来"等。A、B、D选项均为介词。

4. 【答案】C

【详解】C选项代词，相当于"……的人"。A、B、D选项均为助词，用在句中主语的后面，表示停顿、判断，无实义。

5. 【答案】D

【详解】D选项动词，表示动作、行为，可译为"治理"。A、B、C选项均为介词。

第四章　通假字

【我来试一试】

1.【答案】C

【详解】A."冯"通"凭"；B."生"通"性"；D."不"通"否"。

2.【答案】B

【详解】A."爱"通"薆"，"见"通"现"；C."厌"通"餍"；D."受"通"授"。

3.【答案】B

【详解】A."不"通"否"；C."希"通"稀"；D."生"通"性"。

4.【答案】A

【详解】B."踦"通"倚"；C."知"通"智"；D."孰"通"熟"。

5.【答案】D

【详解】A."宾"通"傧"；B."读"通"逗"；C."已"通"矣"。

6.【答案】B

【详解】A."与"通"欤"；C."不"通"否"；D."善"通"缮"。

第五章　词类活用

【我来试一试】

1. 舞，使动用法，使……起舞。体现了客之箫声的悲凉、幽怨，具有一种强大的力量。

上，下，名词活用为状语，意为蚯蚓向上吃到泥土、向下喝到地下的泉水。让人从精练的语言中感受到蚯蚓的专一所起到的巨大作用。

"我来试一试"参考答案

　　媚，形容词活用作动词，意为献媚巴结，让人联想到了华阴令的媚态。

　　刃，名词活用作动词，意为用刀杀，营造出双方剑拔弩张的紧张态势。

　2. 名词活用作动词：

　　（2）爪：用爪抓掐。

　　（3）风：吹风。

　　（4）军：驻扎。

　　（5）昂：使动用法，使……高，抬高。

　形容词活用作名词：

　　（3）光：月光。

　　（4）小：小的方面；大：大的方面。

第六章　古今异义

【我来试一试】

　1. 地位低下的人

　　凌万顷之茫然

　　旷远的样子

　　外交使节或官员或他们出行时所携带的随从和物品

　　使者

　　养育

　2.（1）老百姓

　　（2）供养活着的人

　　（3）长江、黄河

第七章　特殊句式

【我来试一试】

　1.（1）省略主语，补全为：（烛之武）辞曰："臣之壮也，犹不如人。"

(2) 省略宾语,补全为:木直中绳,𫐓以(之)为轮。

2. (1) 主谓倒装,正常语序为:予怀渺渺兮。

(2) 宾语前置,正常语序为:不知句读,不解惑。

3. (1) 是,由"者""也"字作为判断标志。

(2) 是,用副词"乃""则""即""皆""耳"等表判断。

(3) 不用判断词,也不用语气词,由名词对名词,根据语意直接表示判断。

4. (1) 用"为""为所""为……所……"表被动。

(2) 用"见""见于""见……于……"

(3) 无标志的被动句,句中没有被动词,而动词本身表被动。这是意念上的被动句。

第八章 翻译

【我来试一试】

1. 翻译:用指甲抠破树皮来观察它是活着还是枯死了,摇晃树根来看它培土的松紧,这样树木的天性就一天天地背离了。

2. 翻译:莫非是教我捕捉蟋蟀的地方吧?

3. 翻译:如果公西华只能给诸侯做一个小相,那么谁能做大事呢?

4. 翻译:认认真真地兴办学校教育,把孝敬父母的道理反复讲给百姓听,头发花白的老人就不会背着或者顶着东西奔走在道路上了。

5. 翻译:我只用精神去和牛接触,而不用眼睛去看,视觉停止了,而精神在活动。

6. 翻译:我之所以这样做,是以国家之急为先而以私仇为后啊!

"我来试一试"参考答案

第三编　学习篇目汇总

第一章　现代文文学常识及课文赏析

【我来试一试】

1. 【答案】B

【详解】《景泰蓝的制作》文体为说明文。

2. 【答案】B

【详解】《最后一片叶子》写了老贝尔曼用生命描绘"最后一片叶子",帮助琼希重拾生存意志而自己死亡的故事。

3. 【答案】B

【详解】《青纱帐——甘蔗林》文体为新诗。

4. 【答案】A

【详解】《青纱帐——甘蔗林》青纱帐与甘蔗林相互映衬,属于继承、一脉相承的关系。

5. 【答案】A

【详解】《世间最感人的坟墓》作者茨威格是奥地利人。

6. 【答案】D

【详解】《永遇乐·京口北固亭怀古》上阕由京口联想到与之相关的历史英雄孙权和刘裕。

第二章　文言文文学常识及课文赏析

【我来试一试】

1. 【答案】A

【详解】《伐檀》是魏国的民歌。

2. 【答案】C

【详解】《左传》是我国古代第一部叙事完备的编年体史书。

3. 【答案】B

【详解】A选项,《项脊轩志》不包括对"父亲"的思念之情;C选项《锦瑟》是诗人晚年回忆之作;D选项,《苏幕遮》是一首描写羁旅乡愁的词，以芳草之无情衬托词人思乡之情切。

4.【答案】B

【详解】《师说》批判了当时士大夫不尊师的社会风气。

5.【答案】C

【详解】《论语》是孔子弟子及其再传弟子编著的记载孔子及其弟子言行的语录体散文。